最新入試に対応！家庭学習に最適の問題集!!

聖心女子学院 初等科

JN126606

2022年度版 過去問題集

プリント式!!

すべての問題にアドバイス付き!

<問題集の効果的な使い方>

①お子さまの学習を始める前に、まずは保護者の方が「入試問題」の傾向や、どの程度難しいか把握します。もちろん、すべての「学習のポイント」にも目を通してください

②各分野の学習を先に行い、基礎学力を養いましょう！

③「力が付いてきたら」と思ったら「過去問題」にチャレンジ！

④お子さまの得意・苦手がわかったら、その分野の学習を進め、全体的なレベルアップを図りましょう！

合格のための問題集

聖心女子学院初等科

推理	Jr・ウォッチャー6「系列」、50「観覧車」
推理	Jr・ウォッチャー33「シーソー」
常識	Jr・ウォッチャー12「日常生活」
巧緻性	Jr・ウォッチャー51「運筆①」、52「運筆②」
行動観察	新ノンペーパーテスト問題集

2017～2021年度
過去問題を
掲載
＋
各問題に
アドバイス付!!

日本学習図書 ニチガク

ニチガクの
家庭学習支援
Web学習サポートサービス

こんなこと…ありませんか？

「ニチガクの問題集…買ったはいいけど、、、
この問題の教え方がわからない（汗）」

メールでお悩み解決します！

☆ ホームページ内の専用フォームで必要事項を入力！

☆ 教え方に困っているニチガクの問題を教えてください！

☆ 確認終了後、具体的な指導方法をメールでご返信！

☆ 全国どこでも！ スマホでも！ ぜひご活用ください！

＜質問回答例＞

学習のポイント

推理分野の学習では、後の学習に活きる思考力を養うことができます。ご家庭で指導する場合にも、テクニックにたよらず、保護者の方が先に基本的な考え方を理解した上で、お子さまによく考えさせることを大切にして指導してください。

Q.「お子さまによく考えさせることを大切にして指導してください」と学習のポイントにありますが、考える習慣をつけさせるためには、具体的にどのようにしたらいいですか？

A.お子さまが考える時間を持てるように、質問の仕方と、タイミングに工夫をしてみてください。

たとえば、「答えはあっているけど、どうやってその答えを見つけたの」「答えは○○なんだけど、どうしてだと思う？」という感じです。はじめのうちは、「必ず30秒考えてから手を動かす」などのルールを決める方法もおすすめです。

まずは、ホームページへアクセスしてください!!

http://www.nichigaku.jp 　 日本学習図書 　 検索

家庭学習ガイド
聖心女子学院初等科

ペーパー　行動観察　絵画　親子面接

入試情報

応 募 者 数 ： 女子509名
出 題 形 態 ： ペーパー、ノンペーパー
面　　　　接 ： 保護者・志願者面接
出 題 領 域 ： ペーパー（お話の記憶、推理、常識、図形、数量、言語）、
　　　　　　　行動観察（ぬり絵）

入試対策

当校のペーパーテストは、「お話の記憶」「推理」「常識」「図形」「数量」「言語」と、幅広く出題されています。複雑で高い思考力を必要とする難問が頻出していた頃に比べれば、ここ数年で取り組みやすい内容になっている印象を受けます。しかし、考えさせるというねらいに変化はなく、推理（系列）を中心に難問と呼べる問題が出題されることがあります。また、そのほかの分野の問題でも、簡単なように見えて、ひとひねりある設問（問題形式）が多く見られます。全体として一筋縄ではいかない試験と言えるので、油断せず、細やかな対策をとっておいた方がよいでしょう。行動観察では、ぬり絵に取り組みます。指示を守り、協調性をもって行動するのはもちろんですが、待機時間の姿勢など見過ごされがちな点も観察の対象となっています。

●ペーパーテストでは、以前ほどではありませんが、難問が出題されることがあります。

●中でも「推理」の問題は重点的に取り組んでください。推理分野の問題をアレンジした、つるかめ算のような問題が出題されており、数に対するセンスが求められます。

●行動観察としての課題もありますが、当校では「試験全体が行動観察」と言えます。長時間緊張感を保つのは、お子さまとって難しいことかもしれませんが、そうしたことを意識して行動できるかが大きなポイント言えるでしょう。

「聖心女子学院初等科」について

＜合格のためのアドバイス＞

かならず
読んでね。

　当校は4−4−4制の12年一貫教育を行なっています。そのため中高での募集は基本的には行われず、聖心女子学院に入学するためには、小学校受験がほぼ唯一の機会となっています。かなりの高倍率になるので、しっかりとしたの準備と対策が必要です。

　当校の求める子ども像として、「健康で子どもらしさを持った子ども」「自分で身の回りのことができる」「素直に話が聞ける」「集中力と根気が大切」「友だちを大切にする気持ち」「わがままを我慢できる」などが挙げられています。入学試験は、これらの観点から実施されていると言えるでしょう。

　2020年度の入学試験では、ペーパーテスト、運動テスト、行動観察、保護者・志願者面接が行われました。

　運動テストでは模倣体操、行動観察では集団制作などが行われますが、いずれもお子さまが「きちんと指示を聞き、それを実行できるか」ということが観点となっています。また、「静かに待っていてください」「お行儀よく待っていてください」といった、課題とは直接関係のない指示もあります。そうした指示もしっかり守るようにしてください。

　ペーパーテストは、推理と常識を中心に幅広い分野から出題されています。難問が出題されることも多いので、過去問を読み込んで、しっかりと対策をとる必要があります。

　保護者・志願者面接は、親子3人と先生2人が向き合う形で着席して行われます。保護者に対しては一般的な質問が多いですが、志願者には口頭試問のような質問もあるので、お子さまが自分で考え、それをを言葉することが求められます。親子3人で相談して答える質問もあります（回答するのは志願者）。親子関係を観るための質問と考えられるので、ふだんからコミュニケーションをしっかりとって、自然に対応できるようにしておきましょう。

＜2021年度選考＞

◆ペーパーテスト
◆行動観察（ぬり絵）
◆親子面接

◇過去の応募状況

2021年度	女子509名
2020年度	女子418名
2019年度	女子418名

入試のチェックポイント

◇受験番号の順番…「非公表」
◇生まれ月の考慮…「非公表」

＜本書掲載分以外の過去問題＞

◆数量：椅子が4脚あります。9人が座るためには、あと何脚必要か。[2015年度]
◆推理：すごろくで、何回目でカタツムリにバッタが追いつくか。[2015年度]
◆推理：同じくだものの組み合わせを記号に置き換える。[2015年度]
◆図形：三角プレートで見本の形を作る。[2015年度]
◆言語：同じ音の絵を線で結ぶ。[2015年度]
◆巧緻性：風呂敷を結んで帽子を作る。[2015年度]

�得 先輩ママたちの声！

◆実際に受験をされた方からのアドバイスです。
是非参考にしてください。

聖心女子学院初等科

・ペーパーでは過去問をしっかりやりました。行動観察も重要なので、幼児教室などで、集団行動を経験しておくことも重要だと思います。

・体育館集合でしたが、受付後、子どもはすぐ試験会場に連れて行かれます。トイレなどは、受付前にすませておくとよいと思います。

・面接は待ち時間が長いので、子どもが飽きないようにあやとりや折り紙などを持っていくとよいと思います。

・面接や試験を通し、家庭での教育方針について重視している感じがしました。

・面接は、4〜6組ずつに分かれて個別に行われました。親子同室での面接でした。

・学校周辺や学校内は坂が多く、予想以上に移動時間がかかります。あらかじめ時間に余裕を持って行動した方がよさそうです。

・面接中、母親には「最近、お子さまの『偉い』と感じられたところをほめてあげてください」という質問がありました。父親には、家事に対する関わり方や意識を問う質問がなされました。いずれも家族との関係について深いところまで観察されていると感じました。

聖心女子学院初等科
過去問題集

〈はじめに〉

　　現在、少子化が叫ばれているにもかかわらず、私立・国立小学校の入学試験には一定の応募者があります。入試は、ただやみくもに学習するだけでは成果を得ることはできません。志望校の過去における出題傾向を研究・把握した上で、練習を進めていくこと、その上で試験までに志願者の不得意分野を克服していくことが必須条件です。そこで、本問題集は小学校を受験される方々に、志望校の出題傾向をより詳しく知って頂くために、過去に遡り出題頻度の高い問題を結集いたしました。最新のデータを含む精選された過去問題集で実力をお付けください。

　　また、志望校の選択には弊社発行の「2022年度版　首都圏・東日本　国立・私立小学校　進学のてびき」をぜひ参考になさってください。

〈本書ご使用方法〉

◆ 出題者は出題前に一度問題を通読し、出題内容などを把握した上で、〈 準 備 〉の欄に表記してあるものを用意してから始めてください。

◆ お子さまに絵の頁を渡し、出題者が問題文を読む形式で出題してください。問題を読んだ後で、絵の頁を渡す問題もありますのでご注意ください。

◆ 「分野」は、問題の分野を表しています。弊社の問題集の分野に対応していますので、復習の際の目安にお役立てください。

◆ 問題番号右端のアイコンは、各問題に必要な力を表しています。詳しくは、アドバイス頁（ピンク色の１枚目下部）をご覧ください。

◆ 一部の描画や工作、常識等の問題については、解答が省略されているものがあります。お子さまの答えが成り立つか、出題者が各自でご判断ください。

◆ 〈 時 間 〉につきましては、目安とお考えください。

◆ 解答右端の［〇年度］は、問題の出題年度です。［2021年度］は、「2020年の秋から冬にかけて行われた2021年度入学志望者向けの考査で出題された問題」という意味です。

◆ 学習のポイントは、指導の際にご参考にしてください。

◆ 【おすすめ問題集】は各問題の基礎力養成や実力アップにご使用ください。

〈本書ご使用にあたっての注意点〉

◆ 文中に この問題の絵は縦に使用してください。 と記載してある問題の絵は縦にしてお使いください。

◆ 〈 準 備 〉の欄で、クレヨンと表記してある場合は12色程度のものを、画用紙と表記してある場合は白い画用紙をご用意ください。

◆ 文中に この問題の絵はありません。 と記載してある問題には絵の頁がありませんので、ご注意ください。なお、問題の絵の右上にある番号が連番でなくても、中央下の頁番号が連番の場合は落丁ではありません。
下記一覧表の●が付いている問題は絵がありません。

問題1	問題2	問題3	問題4	問題5	問題6	問題7	問題8	問題9	問題10
問題11	問題12	問題13	問題14	問題15	問題16	問題17	問題18	問題19	問題20
●									
問題21	問題22	問題23	問題24	問題25	問題26	問題27	問題28	問題29	問題30
●		●						●	
問題31	問題32	問題33	問題34	問題35	問題36	問題37	問題38	問題39	問題40
			●						●
問題41	問題42	問題43							
		●							

〈聖心女子学院初等科〉

2021年度の最新問題

問題1 　分野：お話の記憶

〈準備〉　クーピーペン（青、赤）、鉛筆

〈問題〉　これからするお話をよく聞いて、後の質問に答えてください。
　　　　　お話を聞く時は、プリントを裏返してください。

　ある日のこと、はるのちゃんがお庭に出てみると、木の枝と枝の間に、枯れ草を集めて作った何か丸いものを見つけました。次の日、その中に1羽のスズメが入っていました。「あれはスズメの巣だったんだ」はるのちゃんはそのスズメの巣を観察することにしました。何日か様子を見ていましたが、スズメは巣の中でじっとしたまま動きません。心配になったはるのちゃんは、お父さんを呼びました。「お父さん、あのスズメ、巣の中で何日もじっとして動かないの。どこかケガをしているのかしら」お父さんは様子を見たあと、はるのちゃんに話しました。「あれはお母さんスズメだよ。巣に卵を産んで、温めているところだよ」「卵をどうやって温めているの？」と、はるのちゃんが聞くと、「お母さんスズメのおなかの下で温めているんだよ」と教えてくれました。次の日、巣にお母さんスズメはいませんでした。巣の中には卵が4個。お父さんは、「そっと見守ってあげようね」と言いました。それから何日か経ちました。巣の中の卵が1個割れていて、黄色いくちばしが見えています。ついにヒナがかえったのです。お母さんスズメが巣に戻ってくると、ヒナは「ピーピー」と大きな声で鳴きながら口をあけています。お母さんスズメは、口にくわえたエサをヒナの口に入れました。「かわいい！」はるのちゃんはこのヒナに「ぴーちゃん」と名前をつけました。さらに何日か経った頃、はるのちゃんがお庭に出てみると、草むらで何かがバタバタしています。どうやらぴーちゃんが巣から落ちてしまったようです。はるのちゃんはあわててお父さんを呼びました。「大変！ぴーちゃんが巣から落ちちゃったよ。巣に戻してあげようよ」と言うと、お父さんは、「助けちゃダメだよ。そのままにしておこう」と言いました。「どうして？このままじゃ危ないよ」と、はるのちゃんが言うと、「大人のスズメになるために、ぴーちゃんは飛ぶ練習をしているんだよ。ほら、あそこを見てごらん。スズメのお母さんも応援しているよ」お父さんはそう言って、木の枝を指さしました。そこにはお母さんスズメが止まっていて、じっとぴーちゃんを見ています。はるのちゃんも、「ぴーちゃん、がんばれ！」と、心の中で応援しました。次の日、はるのちゃんがお部屋の窓から外を見ると、ぴーちゃんがお母さんスズメの後について一生懸命飛んでいるのが見えました。「ぴーちゃん、すごーい」はるのちゃんはぴーちゃんに向かって手を振りました。今はすっかり上手に飛べるようになったぴーちゃんは、お母さんスズメや、いっしょに生まれた3匹の兄弟と軒先に飛んできて、「チュンチュン」と鳴いています。はるのちゃんはその姿を見るために毎日外を見ています。

① （問題１-１の絵を渡して）お母さんスズメは、どのように卵を温めていましたか。お話に合う絵に、○をつけてください。
②お母さんスズメはぴーちゃんにどうやってえさをあげていましたか。お話に合う絵に、○をつけてください。
③ （問題１-２の絵を渡して）お話の順番に、絵を線で結んでください。
④ （問題１-３の絵を渡して）飛ぶ練習をしているぴーちゃんの様子を見ていたはるのちゃんは、どんな気持ちですか。同じ気持ちの絵に○をつけてください。

〈 時 間 〉　各20秒

問題2　分野：推理

〈 準 備 〉　クーピーペン

〈 問 題 〉　ウサギとクマが、それぞれサイコロを４回振りました。そして、それぞれサイコロの目の数だけ矢印の方向に進みます。ウサギもクマも最初はマスの外にいます。４回分進んだらまた１回目に戻り、くり返して進みます。クマはウサギにどこで追いつきますか。追いつくところに○をつけてください。

〈 時 間 〉　１分

問題3　分野：言語（しりとり）

〈 準 備 〉　クーピーペン（青、赤）

〈 問 題 〉　①上の四角の左を見てください。「キツネ」から逆しりとりをしていて、「タヌキ」「ブタ」とつながっています。同じように、「かさ」から逆しりとりをはじめて、言葉を３つつなげてください。青のクーピーペンを使って線で結びましょう。
②上の四角の右を見てください。「イカ」からしりとりをしていて、「カニ」「ニンジン」とつながっています。同じように「らっぱ」からできるだけ長くしりとりをしてください。赤のクーピーペンを使って線で結んでください。

〈 時 間 〉　各30秒

問題4　分野：常識（理科）

〈 準 備 〉　クーピーペン

〈 問 題 〉　卵から生まれる生きものに○をつけてください。

〈 時 間 〉　30秒

問題5　分野：図形（同図形探し）

〈準 備〉　クーピーペン

〈問 題〉　①上の段の左の四角の女の子は、はるのちゃんです。はるのちゃんはお母さん
　　　　　と顔がよく似ています。はるのちゃんのお母さんを右から選んで○をつけて
　　　　　ください。
　　　　　②よく聞いて答えてください。「魚です。目が2つ描かれていません。口は丸
　　　　　くありません。体は細いです。うろこは丸い模様になっています」下の段の
　　　　　四角から選んで、○をつけてください。

〈時 間〉　各30秒

問題6　分野：数量（たし算・ひき算）

〈準 備〉　クーピーペン

〈問 題〉　絵を見てください。スズメの家族がエサを食べています。合わせて何個食べま
　　　　　したか。食べた数だけ○をつけてください。
　　　　　①お父さんはエサを5個、お母さんはエサを2個、子どものぴーちゃんはエサ
　　　　　を3個食べました。
　　　　　②お父さんはエサを1個、お母さんはエサを5個、子どものぴーちゃんは、お
　　　　　母さんより3個少ない数のエサを食べました。

〈時 間〉　各30秒

問題7　分野：図形（対称・鏡図形）

〈準 備〉　クーピーペン

〈問 題〉　真ん中の線で絵を折った時、ぴったり重なるように、上に線を書いてくださ
　　　　　い。

〈時 間〉　30秒

問題8　分野：図形（系列）

〈準 備〉　クーピーペン（青、赤）

〈問 題〉　左の四角と同じ順番で並んでいるところを見つけて、縦の並びは青のクーピー
　　　　　ペンで、横の並びは赤のクーピーペンで四角に囲んでください。

〈時 間〉　1分

〈準備〉　なし

〈問題〉　**この問題は絵を参考にしてください。**
これから見本を見せるので、じゃんけんのポーズを覚えてください（体を使って「グー」「チョキ」「パー」を表現する）。
①覚えたポーズを使って、じゃんけんを2回してください。
（3人ずつになって）
②誰があと出しをするかを3人で話し合って、覚えたポーズを使って、あと出しじゃんけんを2回してください。

〈時間〉　適宜

問題10　分野：複合（制作・口頭試問）

〈準備〉　クーピーペン（赤、黄、緑、青）

〈問題〉　①花の絵があります。4色のクーピーペンを使って、濃くきれいにぬってください（絵を描いている最中に1人ずつ呼ばれ口頭試問）。
・あなたが好きなお花はなんですか。
・あなたが好きなお花を、家族の誰にプレゼントしたいですか。
・プレゼントをするために、お花屋さんにお花を買いに行ったら、お休みでした。どうしますか。
②お花とチョウチョウの絵を見てください。同じ数だけお花を分けると、チョウチョウは何本ずつお花をもらえますか。

〈時間〉　適宜

〈準　備〉　なし

〈問　題〉　**この問題の絵はありません。**
　　　　　【志願者に】
　　　　　・名前を教えてください。
　　　　　・好きな天気を教えてください。
　　　　　・どうしてその天気が好きですか。
　　　　　・その天気の日は何をして遊びますか。
　　　　　・お父さんとお母さんの名前を教えてください。
　　　　　・お父さんはどんな人ですか。いつもお父さんとどんな遊びをしていますか。
　　　　　・家でどんなお手伝いをしていますか。
　　　　　・今までお母さんに言われてうれしかった言葉を教えてください。

　　　　　【父親に】
　　　　　・志望動機をお話ください。
　　　　　・ご家庭の教育方針を教えてください。また、当校の教育方針とご家庭の教育
　　　　　　方針とで一致しているところはありますか。
　　　　　・ご家庭の教育方針を、お子さまにどのように伝えていますか。
　　　　　・グローバルマインド教育についてどうお考えですか。

　　　　　【母親に】
　　　　　・自己肯定感について、どうお考えですか。
　　　　　・コロナ禍で、生活はどのように変わりましたか。どのようにお子さまと向き
　　　　　　合っていますか。
　　　　　・お子さまが興味を持っていることはどんなことですか。それにどのように関
　　　　　　わっていますか。
　　　　　・入学後、学校への送迎はどうなさいますか。

　　　　　【全員に】
　　　　　・どこにでも行ける乗り物があったら、どこに行きたいですか。３人で話しあ
　　　　　　ってお子さまが答えてください。
　　　　　・（小さい箱が提示される）ここに箱があります。この箱の中に、何が入って
　　　　　　いたらうれしいですか。３人で話あってお子さまが答えてください。

〈時　間〉　20分程度

家庭学習のコツ❷ 「家庭学習ガイド」はママの味方！

問題演習を始める前に、試験の概要をまとめた「家庭学習ガイド（本書カラーページ
に掲載）」を読みましょう。「家庭学習ガイド」には、応募者数や試験科目の詳細の
ほか、学習を進める上で重要な情報が掲載されています。それらの情報で入試の傾向
をつかみ、学習の方針を立ててから、対策学習を始めてください。

④

日本学習図書株式会社

2022年度　聖心女子学院　過去　無断複製／転載を禁ずる

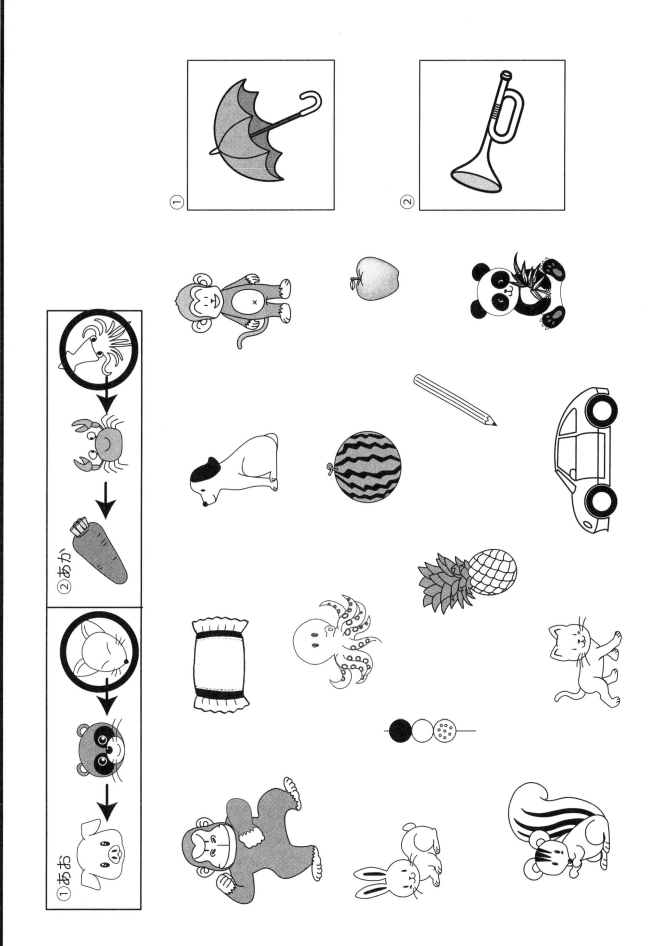

2022 年度　聖心女子学院　過去　無断複製／転載を禁ずる　日本学習図書株式会社

問題 4

2022 年度　聖心女子学院　過去　無断複製／転載を禁ずる　　　　　　　日本学習図書株式会社

2022年度　聖心女子学院　過去　無断複製/転載を禁ずる　日本学習図書株式会社

①

②

日本学習図書株式会社

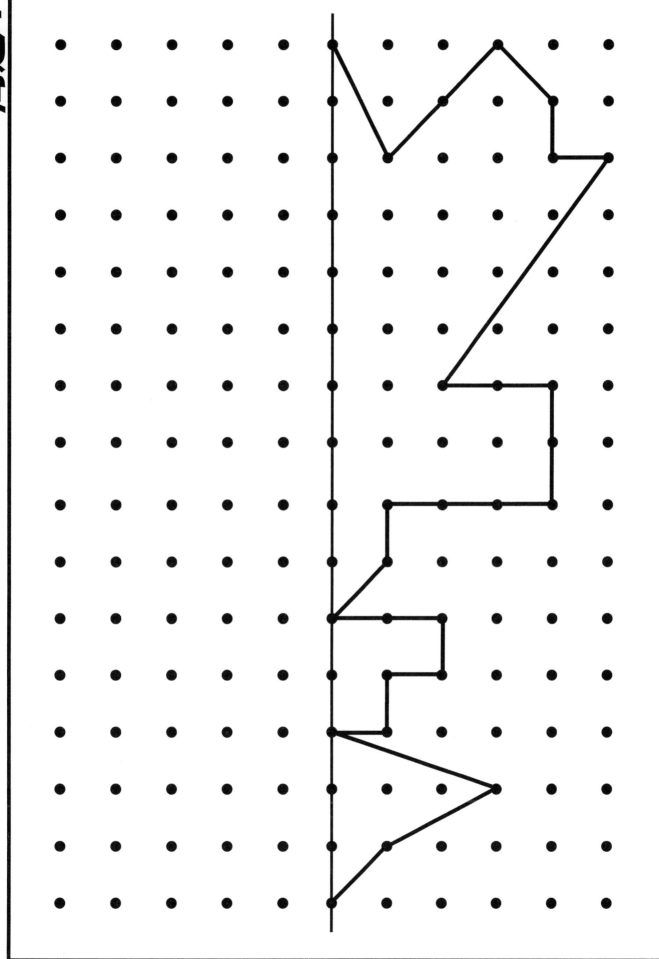

2022 年度　聖心女子学院　過去　無断複製／転載を禁ずる　　日本学習図書株式会社

日本学習図書株式会社

2022 年度　聖心女子学院　過去　無断複製／転載を禁ずる　　日本学習図書株式会社

日本学習図書株式会社

2022年度入試
解答例・学習アドバイス

解答例では、制作・巧緻性・行動観察・運動といった分野の問題の答えは省略しています。こうした問題では、各問のアドバイスを参照し、保護者の方がお子さまの答えを判断してください。

問題1　分野：お話の記憶

〈 解 答 〉　下図参照

　本問はお話を聞いた後に設問に答える問題です。お話の内容だけではなく、細部や全体の流れ、登場人物の心情も問われているため、どんなことがあったかだけではなく、お話の流れをしっかり理解できているかが重要です。お話を聞く時は、話全体の流れをつかみつつ、場面を思い浮かべながら、細かい描写を覚えていくというのが基本です。ふだんの読み聞かせの際に、５Ｗ１Ｈを意識させ、お話を途中で区切りながら、今の発言は誰で、どんな気持ちかなどを確認しながら練習するといいでしょう。例年、込みいったストーリーのお話からはあまり出題されていませんが、設問にはひねったものもあります。③では運筆、④では心情理解の問題が出題されています。お話をただ覚えていればよいというわけではないのです。

【おすすめ問題集】
　　１話５分の読み聞かせお話集①・②、お話の記憶　初級編・中級編・上級編

問題2 分野：推理

〈 解 答 〉　下図参照

 「推理」分野の問題です。当校では、「推理」と言っても、ほかの数、量、形、言語、常識といったジャンルから複合した形で出題されるので、ほかの分野の学習も同時に進めておく必要があるでしょう。例えば本問では、それぞれの動物が進んでいく数を数えれば10以上の数を扱うことになるので、たすといくらになる、ひくといくらになるといった数に対する理解も必要になってきます。もちろんウサギが進んだマスを数え、次にクマが進んだマスを数え、の繰り返しで答えを出してもよいのですが、時間が足りなくなるかもしれません。時間内に正解するためには、こうした問題に慣れるだけではなく、数えること、計算することに対する感覚を身に付けた方がよいのです。

【おすすめ問題集】
　Ｊｒ・ウォッチャー31「推理思考」

━━━

家庭学習のコツ❸　効果的な学習方法～問題集を通読する

過去問題集を始めるにあたり、いきなり問題に取り組んではいませんか？　それでは本書を有効活用しているとは言えません。まず、保護者の方が、すべてを一通り読み、当校の傾向、ポイント、問題のアドバイスを頭に入れてください。そうすることにより、保護者の方の指導力がアップします。また、日常生活のさまざまなことから、保護者の方自身が「作問」することができるようになっていきます。

問題3 分野：言語（しりとり）

〈解答〉　下図参照（①かさ→スイカ→リス　②らっぱ→パンダ→だんご→ゴリラ）

言語分野の問題は毎年出題されますが、その内容はバラエティに富んでいます。しりとりを中心に頭音つなぎや動作を表す言葉と、いくつかの絵を組み合わせるなどで、工夫された内容です。求められる語彙は年齢なりに知っていて当然のもので、問題の内容もそれほど難しいものではありませんが、あまり見かけないものもあるので注意しておきましょう。例えば①は逆しりとりを、②はふつうのしりとりを長く行うように指示されています。この中で「逆しりとり」はあまり見かけないもので、「できるだけ長くしりとりをする」は、意識しておかないと違った答えを導き出すかもしれないというわけです。①②それぞれを解く際に、意識の切り替えをしっかり行い、問題を聞く時は先入観をもって聞かないようにしましょう。

【おすすめ問題集】
　Ｊｒ・ウォッチャー49「しりとり」

〈解 答〉　下図参照

「理科」の問題は、当校ではこの年頃のお子さまなら知っていて当然という知識についてが出題されがちです。とは言え、自然に関する興味関心はお子さまによって異なるので、無理に知識を詰め込むとかえって好奇心をなえさせてしまいます。机上の知識も大切ですが、実地や観察を通して、お子さまが興味を持つように促し、学習を進めていくとよいでしょう。親子で図鑑を見たり、動物園や植物園などに足を運んだりして、お子さまから「なんで」「どうして」と質問が出るようになれば興味を持ったということかもしれません。保護者の方はお子さまが得た知識を整理してあげることも忘れないようにしてください。

【おすすめ問題集】
　　Ｊｒ・ウォッチャー27「理科」、55「理科②」

家庭学習のコツ④ **効果的な学習方法～お子さまの今の実力を知る**

１年分の問題を解き終えた後、「家庭学習ガイド」に掲載されているレーダーチャートを参考に、目標への到達度をはかってみましょう。また、あわせてお子さまの得意・不得意の見きわめも行ってください。苦手な分野の対策にあたっては、お子さまに無理をさせず、理解度に合わせて学習するとよいでしょう。

問題5　分野：図形（同図形探し）

〈解答〉　下図参照

本問は「同図形探し」の問題ではありますが、①と②では少し性質が異なっています。①は基本的な同図形探しの問題です。ただし、全体の形ではなく細部を比較するので集中して観察しないと答えられないかもしれません。図形ではなく人物を見比べるため難しく感じるのです。目、鼻、口など部分ごとに比較するなどの工夫をして、混乱しないようにしてください。②は条件に合った絵を探す問題です。まずは条件をしっかり聞きましょう。後はそれに沿って解答するだけです。なお、同図形探しの問題でも、正解、不正解だけではなく、お子さまの集中力や、指示を聞く姿勢も評価されます。練習の際には答えを探すことだけを目的としないで、その点にも注意するといいでしょう。

【おすすめ問題集】
　　Ｊｒ・ウォッチャー４「同図形探し」

問題6 分野：数量（たし算・ひき算）

〈解答〉 ①○：10 ②○：8

当校入試では数量分野の問題は頻出です。本問のような単純なたし算・ひき算のほか、数のやりとりや比較など、例年様々なタイプの問題が出題されます。どのようなタイプの問題でも、数のやりとりに対する基本的な理解があれば正しく解答できるでしょう。最初は具体物（おはじきなど）を使い、数の計算に慣れ、少しずつ頭の中で増減の処理ができるようにして、テストの際には、頭の中で数えることで正答が導けるようにしてください。「お話の記憶」と同様に、お話をよく聞き、話の流れをつかみながら、頭の中で数えるといいでしょう。本問のような基礎的な問題は確実に解答したいものです。落ち着いて丁寧に取り組むことが大切です。

【おすすめ問題集】
　Ｊｒ・ウォッチャー38「たし算・ひき算1」、39「たし算・ひき算2」、
　43「数のやりとり」

問題7 分野：図形（対称・鏡図形）

〈解答〉 下図参照

本問は真ん中の線を対称に図形を描く問題です。図形の対称や鏡図形を理解し、正確に位置を把握することが大切です。そのため、図をよく観察し、正確に着実に図を描く力も観られています。縦横の線に比べて斜めの線を引くのは難易度が高い課題です。筆記用具を正しく持ち、きれいな線を引く練習を試験までに根気強く行うことも大切でしょう。また、図形の対称や鏡図形は、最初は理解するのが大変です。保護者の方は、実際の鏡を用いたり、窓に姿を映してみることから始め、紙を折ってみたり、裏返してみたりするなどして、体験を通して理解を促すようにしてください。落ち着いてていねいに取り組めば難しくない問題ですので、ふだんから何事も着実に取り組むようにさせましょう。

【おすすめ問題集】
　Ｊｒ・ウォッチャー1「点・線図形」、8「対称」、48「鏡図形」

〈解答〉　下図参照

系列の問題では、図形が並ぶ法則に従って、素早く正確に見つけ出す集中力が必要になります。まずは問題をよく見て、♥♠などの並び方（パターン）を発見し、問題に取り組んでください。本問は記号の種類も並ぶ約束も複雑ではありません。縦は青、横は赤という答え方の指示をよく聞いて理解し、指示に従い落ち着いて回答してください。目で見て探すだけではミスをしてしまうので、指で押さえたり、マークしたりするなど、お子さまなりの解き方を練習しておくといいでしょう。系列の問題はふだんの生活から学ぶというタイプの問題ではないので、そのためだけの学習が難しいものです。同じような問題を数多く解いて慣れていくしかありません。

【おすすめ問題集】
　Ｊｒ・ウォッチャー6「系列」、31「推理思考」

問題9　分野：行動観察（指示行動）

〈解答〉　省略

本問は、行動観察（指示行動）の問題です。そのため、じゃんけんの勝敗は関係ありません。指示に従い、じゃんけんのポーズが模倣できるかということと、グループで話し合いができるかということが観られています。グループで話し合いをする際は、リーダーシップを取ればよいというものではなく、話し合いを円滑に行い、遂行できる協調性と、話し合いに積極的に参加する姿勢が求められています。また、本問ではじゃんけんの回数も指定されているため、指示をしっかり聞き、行動できるかも大切です。ふだんからお子さまがお友だちとどのように接しているかを保護者の方はよく観察し、お子さまの性格が把握できていれば、お子さまの個性に合わせた振る舞い方が見えてくるのではないのでしょうか。それに合わせて、お子さまが試験でどのような立場を取るべきかを練習するとよいでしょう。

【おすすめ問題集】
　Ｊｒ・ウォッチャー29「行動観察」

〈解答〉 省略

口頭試問とその待ち時間を利用した制作の課題です。例年はグループに分かれて話し合いをしながらの共同作業ですが、昨年は個人作業でした。個別の口頭試問の間の待ち時間の課題ですが、ぬり絵をきれいに塗ることだけが目的ではありません。静かに課題に取り組む姿勢も観られています。また、例年は作成している最中に試験官が制作物に対しての質問をしていく形でしたが、昨年は口頭試問の中で行われました。複雑な質問ではないので、落ち着いてていねいに答えれば問題ないでしょう。②は分配の問題です。分配の問題の中でも基本的な問題のため、試験官の指示を落ち着いて聞くことができれば解答できます。試験という慣れない環境の中でも落ち着いて指示を聞き、制作に取り組む姿勢が見せられるようにしましょう。

【おすすめ問題集】
　Ｊｒ・ウォッチャー23「切る・貼る・塗る」、29「行動観察」

問題11 分野：面接（親子）

〈解答〉 省略

面接は、考査日前の10月に行われます。前年度は10/17または、10/24のどちらかを選択するという形でした。親子３人と試験官２名で、時間は20分程度です。入室の際は試験官がドアを開けてくれますが、退室の際は志願者自身が開けて出ることになります。どうやって出るのかを教えておいてください。志願者への質問も、保護者への質問も、小学校受験でよく質問される一般的な事項が中心です。お子さまへの質問の後、父親、母親へそれぞれ質問があります。家庭によって多少異なるものの、志望動機や教育方針などが中心になるかと思いますので、準備しておきましょう。また、当校の面接の特徴として、親子３人で相談し、志願者（お子さま）が答えるという質問もあります。これは、ご家庭内でのコミュニケーションの仕方や意思疎通ができているかが観点となっておりますので、ふだんから親子で会話をする習慣を付けるようにしてください。こうした課題では、ふだんの会話の様子や生活態度が出てしまうものです。ありのまま見てもらうのはちょっと…と思われるなら、ある程度は予行演習が必要です。

【おすすめ問題集】
　新 小学校受験の入試面接Ｑ＆Ａ、面接テスト問題集、面接最強マニュアル
　新口頭試問・個別テスト問題集

聖心女子学院初等科　専用注文書

年　月　日

合格のための問題集ベスト・セレクション

＊入試頻出分野ベスト３

1st	推　理		**2nd**	常　識		**3rd**	行動観察

思考力	観察力		知　識	語彙力		協調性	積極性

ペーパーは、推理、常識を中心に幅広い分野から出題。以前に比べると取り組みやすくなってはいるもの、時折、難問が出題されることもあるので、しっかりと対策をとっておくようにしましょう。

分野	書　名	価格(税込)	注文	分野	書　名	価格(税込)	注文
図形	Ｊｒ・ウォッチャー4「同図形探し」	1,650 円	冊	図形	Ｊｒ・ウォッチャー46「回転図形」	1,650 円	冊
推理	Ｊｒ・ウォッチャー6「系列」	1,650 円	冊	推理	Ｊｒ・ウォッチャー47「座標の移動」	1,650 円	冊
常識	Ｊｒ・ウォッチャー12「日常生活」	1,650 円	冊	推理	Ｊｒ・ウォッチャー50「観覧車」	1,650 円	冊
数量	Ｊｒ・ウォッチャー14「数える」	1,650 円	冊	巧緻性	Ｊｒ・ウォッチャー51「運筆①」	1,650 円	冊
言語	Ｊｒ・ウォッチャー17「言葉の音遊び」	1,650 円	冊	巧緻性	Ｊｒ・ウォッチャー52「運筆②」	1,650 円	冊
言語	Ｊｒ・ウォッチャー18「いろいろな言葉」	1,650 円	冊	図形	Ｊｒ・ウォッチャー54「図形の構成」	1,650 円	冊
巧緻性	Ｊｒ・ウォッチャー24「絵画」	1,650 円	冊	常識	Ｊｒ・ウォッチャー55「理科②」	1,650 円	冊
常識	Ｊｒ・ウォッチャー27「理科」	1,650 円	冊	推理	Ｊｒ・ウォッチャー57「置き換え」	1,650 円	冊
行動観察	Ｊｒ・ウォッチャー29「行動観察」	1,650 円	冊	言語	Ｊｒ・ウォッチャー60「言葉の音（おん）」	1,650 円	冊
推理	Ｊｒ・ウォッチャー33「シーソー」	1,650 円	冊		1話5分の読み聞かせお話集①・②	1,980 円	各　冊
常識	Ｊｒ・ウォッチャー34「季節」	1,650 円	冊		新運動テスト問題集	2,420 円	冊
図形	Ｊｒ・ウォッチャー35「重ね図形」	1,650 円	冊		新ノンペーパーテスト問題集	2,860 円	冊
数量	Ｊｒ・ウォッチャー37「選んで数える」	1,650 円	冊		新 小学校受験の入試面接Q＆A	2,860 円	冊
数量	Ｊｒ・ウォッチャー41「数の構成」	1,650 円	冊		新 願書・アンケート文例集500	2,860 円	冊

合計	冊	円

（フリガナ）	電　話
氏　名	ＦＡＸ
	E-mail
住　所　〒　　　－	以前にご注文されたことはございますか。
	有　・　無

★お近くの書店、または記載の電話・FAX・ホームページにてご注文をお受けしております。
　電話：03-5261-8951　FAX：03-5261-8953　代金は書籍合計金額＋送料がかかります。
　※なお、落丁・乱丁以外の理由による商品の返品・交換には応じかねます。
★ご記入頂いた個人に関する情報は、当社にて厳重に管理致します。なお、ご購入の商品発送の他に、当社発行の書籍案内、書籍に関する調査に使用させて頂く場合がございますので、予めご了承ください。

日本学習図書株式会社
http://www.nichigaku.jp

問題12 分野：お話の記憶

〈準 備〉 クーピーペン（青、赤）、鉛筆

〈問 題〉 これからするお話をよく聞いて、後の質問に答えてください。

森にはたくさんの生きものが暮らしています。今、森の葉っぱは、赤、黄色、茶色など、さまざまな色になっていて、とてもきれいです。森で暮らしている、クマさんとリスさんはとっても仲良しです。クマさんは力持ちで、リスさんはやさしく、2人はお互いのそんなところが大好きです。リスさんは、森の奥に住んでいる、おじいさんとおばあさんのことが気になっています。「もうすぐ冬になるから食べものを持っていってあげようと思うんだ」と言うと、クマさんは「何か手伝えることはあるかな」と言ってくれました。リスさんは「ありがとう。じゃあ2人でドングリを拾って届けてあげよう」と言い、おじいさんとおばあさんの家にドングリを届けることになりました。
リスさんは家に帰って、そのことをお母さんに伝えると「きっと喜んでくれるわ。でも、日が沈むと森は真っ暗になってしまうので、それまでには帰ってくるのよ」と約束をしました。
次の日、クマさんとリスさんは森に向かいました。ドングリをリュックいっぱい拾って森の奥に向かって歩いていると、泣いているウサギさんに出会いました。「どうしたの」とリスさんが聞くと、「転んで足を怪我しちゃったんだ」と言ったので、リスさんはハンカチを巻いて手当をしてあげました。クマさんは「これを食べて元気を出して」と言ってドングリを5個あげました。ウサギさんは、笑顔になって「ありがとう」と言うと、すっかり元気になって帰っていきました。それを見たクマさんとリスさんも笑顔になりました。
しばらく歩くと、おじいさんとおばあさんの家に着きました。2人は家の外に出て、「遠かっただろう。よく来たね」と出迎えてくれました。リュックの中のドングリを全部渡すと、「ありがとう。とっても助かるわ」と喜んでくれたので、クマさんとリスさんも笑顔になりました。2人は、おじいさんとおばあさんの家でお菓子をごちそうになって、日が沈む前にお家に帰りました。

（問題12の絵を渡す）
①クマさんと同じ気持ちの子どもを1つ選んで、青のクーピーで○をつけてください。
　水玉柄の服の子が言いました。「お手伝いを褒められてうれしかった」
　白い服の子が言いました。「ドングリをいっぱい拾えてうれしかった」
　チェック柄の服の子が言いました。「お菓子を食べられてうれしかった」
　黒い服の子が言いました。「みんなの役に立ててうれしかった」
②お話の季節はいつでしょうか。同じ季節の絵を選んで、青のクーピーで○をつけてください。

〈時 間〉 各15秒

〈解 答〉 ①右端　②右端（秋）

[2020年度出題]

学習のポイント

問題は、①登場人物の気持ち、②季節なので、お話の細かな出来事を問われるものではありません。つまり、記憶力ではなく、お話をしっかり理解できているかが重要になります。お話の記憶というと、どうしても細かなところを気にしてしまいがちですが、本問では、お話を通して登場人物の気持ちなどを考える、一般的な読書に近い感覚でとらえることができるでしょう。このように、お話の記憶にもさまざまなバリエーションがあります。はじめのうちは、読み聞かせに慣れることが1番ですが、入試が近くなってきたら、問題の出し方にまで気を配って対策するようにしましょう。また、当校は実際の入試ではカラーで出題されており、①も「〇〇色の洋服の子が言いました」というように色で区別する方式でした。

【おすすめ問題集】
　1話5分の読み聞かせお話集①・②、お話の記憶　初級編・中級編・上級編

問題13　分野：推理（シーソー）

〈準備〉　クーピーペン（青、赤）、鉛筆

〈問題〉　1番上の段のシーソーを見てください。タマネギ1個とナス2本が釣り合っています。ナス1本とトマト3個が釣り合っています。

　①タマネギ1個はトマト何個と釣り合うでしょうか。その数だけ右の四角の中に青のクーピーで〇を書いてください。
　②この絵のように野菜を載せた時、どちらの野菜が下がるでしょうか。下がる方に赤のクーピーで〇をつけてください。

〈時間〉　①30秒　②1分

〈解答〉　下図参照

[2020年度出題]

学習のポイント

シーソーの問題は、間接的に比較することができるかどうかが問われています。①では、見本でタマネギとナス、ナスとトマトの比較はありますが、タマネギとトマトを直接比較していないので、見本の結果から答えを推測しなければなりません。見本の2つにはどちらもナスがあるので、ナスを基準にして考えます。「タマネギ1個＝ナス2本」「ナス1本＝トマト3個」なので、「ナス2本＝トマト6個」と考えることができ、見本のように「ナス2本＝タマネギ1個」なので、「タマネギ1個＝トマト6個」という答えになります。②は、シーソーの左右にある同じ野菜を取り除いてから考えるとシンプルな比較になるので、解きやすくなります。

【おすすめ問題集】
　　Ｊｒ・ウォッチャー33「シーソー」、57「置き換え」

問題14　分野：常識（生活常識）

〈 準 備 〉　クーピーペン（青、赤）、鉛筆

〈 問 題 〉　①雨が降っています。お出かけする時には何を履いていけばよいでしょうか。選んで青のクーピーで○をつけてください。
　　　　　②料理のお手伝いをする時に身に付けるものはどれでしょうか。選んで赤のクーピーで○をつけてください。
　　　　　③チューリップの球根を植える時に使うものはどれでしょうか。選んで鉛筆で○をつけてください。

〈 時 間 〉　各15秒

〈 解 答 〉　①左から2番目（長靴）　　②右から2番目（エプロン）
　　　　　③真ん中（シャベル）

[2020年度出題]

 学習のポイント

こうした常識問題は、ペーパー学習として取り組むべきものではありません。学校側も、知識として身に付けさせたいわけではなく、このくらいのことは「日常生活の中で経験しておいてほしい」という意味で出題しているのです。あくまでも生活体験をベースにした学習が基本になります。雨の日に出かける時には、お子さまに靴を選ばせてください。料理をした時に洋服が汚れるという経験をすれば、エプロンが必要になることがわかります。こうしたことの積み重ねが生活体験です。小学校受験では、机の上以外にも学びの機会がたくさんあります。日々のくらしを大きな学びの場としてとらえて、お子さまにさまざまな体験をさせてあげてください。それが、本来の小学校受験の形なのです。ちなみに、③の正解の呼び方をシャベルとしていますが、地方によって呼び方が異なり、東日本では小さものをシャベル、大きいものをスコップと呼ぶことが多いようです。

【おすすめ問題集】
　　Ｊｒ・ウォッチャー12「日常生活」

〈準　備〉　クーピーペン（青、赤）、鉛筆

〈問　題〉　①動物が描いてある絵とくだものが描いてある絵がくっついています。今はサル
とブドウが隣にあります。動物の絵が矢印の方向に１周回って元の位置に戻っ
た時、隣にあるくだものは何でしょうか。右の四角の中から選んで青のクーピ
ーで〇をつけてください。
②乗りもの、くだもの、動物が描いてある絵がくっついています。乗りものの絵
が矢印の方向に１周回って元の位置に戻った時、右下の太い矢印のところにあ
る動物は何でしょうか。右の四角の中から選んで赤のクーピーで〇をつけてく
ださい。

〈時　間〉　①45秒　②１分

〈解　答〉　①右上（バナナ）　②下段左から２番目（サル）

[2020年度出題]

 学習のポイント

動物の絵が１マス回ると、くだものの絵も１マス回ります。くだものの絵が回る方向は左
回り（動物の絵とは逆方向）になります。小学校受験でも時折出題される、歯車の回転
の問題を解いたことがあれば、理解しやすいかもしれません。①は、動物の絵が８つに分
かれており、くだものの絵は６つに分かれています。つまり、動物の絵が１周（８マス）
回ると、くだものの絵は１周（６マス）＋２マス回るということになります。②も、考え
方としては同じです。乗りものの絵は６つに分かれているので、乗りものの絵が１周する
と、動物の絵は６マス回ります。間にくだものの絵があるので、動物の絵は乗りものの絵
と同じ方向に回ります。６マス進んで矢印の位置にいるということは、今の位置から６マ
ス戻ったところが正解になります。考え方としては、上記の通りなのですが、かなり難し
い問題です。こうした難問ができるに越したことはありませんが、あまりこだわりすぎる
のもよくありません。「難しい問題は誰にとっても難しい」と割り切って考えましょう。
ちなみに、回転方向を示す矢印が、それぞれの絵にあったという意見となかったという意
見があったので、本問では矢印なしで問題を作りました。難しいと感じるようでしたら、
保護者の方がそれぞれの絵に回転方向の矢印をつけてあげてください。

【おすすめ問題集】
Ｊｒ・ウォッチャー６「系列」、50「観覧車」

問題16 分野：常識（生活常識）

〈準　備〉　クーピーペン（青、赤）、鉛筆

〈問　題〉　左の絵のように懐中電灯でぬいぐるみに光を当てた時、正しく映っている影は
どれでしょうか。３つの絵の中から選んで、上の段には青のクーピーで、下の
段には赤のクーピーで〇をつけてください。

〈時　間〉　各20秒

〈解　答〉　①真ん中　②左

[2020年度出題]

理科常識とも言えますが、どちらかと言うと生活常識に入る問題でしょう。光は真っすぐ進む性質があります。そこに障害物があると光が遮られ、影ができます。つまり、光、障害物、影は直線上に位置するということになります。これが理科的な考え方です。そうしたことがわからなくても、感覚的に正解にたどり着くことはできるでしょう。ただし、何となく答えているのか、経験上わかって答えているのかを、保護者の方はしっかりと見極めてください。本問の出題意図も、影がどうやってできるのかを理科的に理解しているかどうかではなく、身の周りの出来事に興味や関心を持っているかを観ているのです。こうした小さな経験も、小学校受験につながっているということです。

【おすすめ問題集】
Ｊｒ・ウォッチャー12「日常生活」、27「理科」、55「理科②」

問題17　分野：図形（重ね図形、回転図形）

〈準　備〉　クーピーペン（青、赤）、鉛筆

〈問　題〉　左の2枚の絵は透明な紙に描かれています。重ねると黒いマス目の部分は見えなくなってしまいます。☆の位置を合わせて2枚の絵を重ねた時に見える動物はどれでしょうか。右の絵に、上の段には青のクーピーで、下の段には赤のクーピーで〇をつけてください。

〈時　間〉　①30秒　②1分

〈解　答〉　下図参照

[2020年度出題]

学習のポイント

重なった一部分を消すという重ね図形の問題です。一般的な重ね図形は２つの形を重ねるのですが、本問は重ねるというよりは、黒いマス目の部分を取り除く形になるので、少し違った感覚になります。一般的な重ね図形を「たし算」の感覚だとすると、本問は「ひき算」の感覚ととらえることができるかもしれません。①は黒いマス目以外のところに○をつければよいのですが、②では回転の要素がプラスされるので、格段に難しくなります。図形問題全般に言えることですが、頭の中で考えて解けない場合は、実際に見て、手を動かして考えるようにしましょう。本問も黒いマス目の絵を透明なシートなどに書き写して動物の絵に重ねれば、正解の形を実際に見ることができます。②などは特に、90度、180度と回転していく様子も見ることができるので、図形の変化をイメージする手助けになるでしょう。

【おすすめ問題集】
　　Ｊｒ・ウォッチャー５「回転・展開」、35「重ね図形」、46「回転図形」

問題18　分野：巧緻性（運筆・置き換え）

〈 準 備 〉　クーピーペン（青、赤）、鉛筆

〈 問 題 〉　上の段を見てください。ウサギには○、ネコには△、イヌには□を書きます。
　　　　　　下の段にお手本のように鉛筆で記号を書いてください。それ以外の動物のところには何も書かないでください。

〈 時 間 〉　１分

〈 解 答 〉　下図参照

[2020年度出題]

一見、系列の問題のようにも見えますが、本問は巧緻性＋置き換えの問題です。かみ砕いて言えば、集中力を観る問題と言えるでしょう。単純作業なので、ミスなく、ていねいにというところがポイントになります。何も書かない欄があるところにも注意しましょう。惰性で書き進めてしまうと、うっかり書いてしまいそうになります。間違えて書いてしまった場合は、もちろん訂正（当校の訂正は×印）できますが、集中力を観る試験で「うっかり書いてしまった」というのは、よい印象を与えないでしょう。単純な問題だけに、ミスが目立ってしまいます。ていねいに行えば、誰でも正解できる問題です。だからこそ、ケアレスミスのないように集中して取り組みましょう。

【おすすめ問題集】
　　Ｊｒ・ウォッチャー51「運筆①」、52「運筆②」、57「置き換え」

問題19　分野：数量（選んで数える）

〈 準 備 〉　クーピーペン（青、赤）、鉛筆

〈 問 題 〉　丸、三角、四角の形は何個ずつあるでしょうか。その数だけ右の四角の同じ記号のところに青のクーピーで○を書いてください。

〈 時 間 〉　各1分

〈 解 答 〉　①○：2、△：7、□：4　　②●：3、▲：4、■：4

[2020年度出題]

 学習のポイント

絵の配置の仕方に特徴のある数量問題です。数量（数える）は、一般的には、規則的に並んでいたり、ランダムに散らばっていたりすることが多いですが、本問では、絵のようになっていたり、シルエットとして重なっていたりと、ひとひねりされた出題となっています。ですが、考え方としては一般的な問題と変わりはありません。自分なりにルールを決め、一定方向に数えるということは、どんな出題方法にも対応できる解き方です。そうした「解き方の形」を持っていると、すぐに問題に取りかかれます。問題を見てから「どういう順番で数えよう」などと考えていると、あっという間に時間はなくなってしまいます。数量の問題は、時間をかければ誰にでも解けるので、解答時間が短く設定されています。慌てる必要はありませんが、何を問われているのかを理解したら、すぐに取りかかれる準備をしておくことが大切です。

【おすすめ問題集】
　　Ｊｒ・ウォッチャー14「数える」、37「選んで数える」

問題20 分野：言語（いろいろな言葉）

〈準備〉 クーピーペン（青、赤）、鉛筆

〈問題〉 この絵の中で「かける」ものはどれでしょうか。選んで青のクーピーで○をつけてください。

〈時間〉 30秒

〈解答〉 上段真ん中（電話をかける）、左下（眼鏡をかける）、
右下（掃除機をかける）

[2020年度出題]

 学習のポイント

これまで言語分野の問題は、「音」に関する出題が中心でしたが、最近は、本問のような動作を表す言葉や同音異義語、擬態語なども出題されるようになってきました。日本語には動作を表す言葉が数多くあります。ですが、「○○する」という言葉で代用されることが多いのも事実です。本問には、しっかりとした言葉を身に付けてほしいという、学校から願いが込められているのかもしれません。言語は、保護者の影響をそのまま受けてしまいます。小学校受験をするしないに関わらず、お子さまにとって大事な問題ですので、まずは、保護者の方が言葉の大切さを考えるようにしてください。言語（言葉）に関して、お子さまができていないということは、保護者ができていないということなのです。

【おすすめ問題集】
Ｊｒ・ウォッチャー12「日常生活」、18「いろいろな言葉」

問題21 分野：運動（模倣体操）

〈準備〉 なし

〈問題〉 この問題の絵はありません。
（5人程度のグループで行う）
音楽に合わせて、先生と同じ動作をする。
①足踏み。
②スキップをしながら回る（反対回りも）。
③頭の上で手拍子をしながらスキップ。
④手拍子をしながらケンケンパー。
⑤右手で左足のつま先を触る。左手で右足のつま先を触る。
⑥片足で立ってバランスをとる（どちらの足でも可）。
⑦好きなポーズをする（先生が5秒数える間そのまま）。

〈時間〉 適宜

〈解答〉 省略

[2020年度出題]

学習のポイント

便宜的に運動としてはいますが、指示行動と言った方が、より正確かもしれません。幼稚園や保育園で日常的に行っているような課題なので、特別な対策は必要ないでしょう。指示をすべて聞いた後に行うのではなく、先生といっしょ行うので、そういった意味でも、それほど難しいものではありません。指示通りに伸び伸びと身体を動かすことができれば、それで充分です。ただ、周りを見ながらではなく、指示を理解して素早くに行動に移すことができれば、「まねをしているのではなく、しっかり指示を聞いています」というアピールになるかもしれません。ここで大きな差がつくということは、あまり考えられないので、楽しみながら課題に取り組むことを第一に考えてください。

【おすすめ問題集】
　　新運動テスト問題集、Ｊｒ・ウォッチャー28「運動」

問題22　　分野：行動観察（絵画）

〈 準 備 〉　クレヨン（12色程度）、大きな紙（お皿に見立てた○や□を描いておく）、
　　　　　　スプーンや箸などの食器

〈 問 題 〉　**この問題は絵を参考にしてください。**
　　　　　　（５人程度のグループで行う。大きな机の上にお皿に見立てた○や□が描かれた絵が置いてある。離れた場所にスプーンや箸などの食器が置いてある）
　　　　　　「家族が笑顔になる料理」の絵を描きましょう。グループで相談して、誰がどこに何を描くか決めてください。同じ絵を描かないようにしましょう。余ったところにはみんなで相談して何を描くか決めてください。絵が描き終わったら、食べる道具を持ってきて、料理の絵のところに並べてください。
　　　　　　※グループによって「好きなお弁当」「好きな料理」など、テーマが異なる。

〈 時 間 〉　適宜

〈 解 答 〉　省略

[2020年度出題]

 学習のポイント

気を付けるべきことは、協調性です。集団での行動観察では、基本中の基本となるので、そこだけはしっかりと注意しておいてください。絵を描いている時に、「何を描いているのですか」「どうしてその絵を描いているのですか」「お手伝いをしていますか」などの質問があります。その対応もポイントになります。絵を描きながらではなく、きちんと先生の顔を見て答えるようにしましょう。何を答えるかよりも、どんな態度で答えるかの方が重要とも言えます。また、課題が終わった後に、「先生が絵を片付けている間、静かに待っていてください」という指示あり、試験終了後にも「お家の方が来るまで、お行儀よく待っていてください」と言われるので、そうした様子もしっかりと観られていると考えください。

【おすすめ問題集】
　　新口頭試問・個別テスト問題集、新ノンペーパーテスト問題集
　　　Ｊｒ・ウォッチャー24「絵画」、29「行動観察」

〈準 備〉 なし

〈問 題〉 **この問題の絵はありません。**
【志願者へ】
・お名前を教えてください。
・幼稚園で何をして遊ぶのが好きですか。
・今がんばっていることは何ですか。
・迷子になった時はどうしますか。
・花瓶が割れて、床に水がこぼれてしまったらどうしますか。

【父親へ】
・志望動機をお話しください。
・聖心女子学院の教育方針とご家庭の教育方針で一致しているところはありますか。
・社会人としての経験で、子育てに役立っていることはありますか。
・お母さまのよいところで、お子さまに引き継いでもらいたいところはどこですか。

【母親へ】
・願書に記入されたエピソードについて、もう少し詳しく教えてください。
・お子さまと接する時に気を付けていることはありますか。
・お母さまがお子さまに誇れることは何ですか。
・受験で大変だったことはありますか。

【3人へ】
・あなたより小さな子にお話をしてあげるとしたらどんなお話をしますか。3人で話し合って（2分程度）、お子さまが答えてください。

〈時 間〉 15分程度

〈解 答〉 省略

[2020年度出題]

 学習のポイント

面接は、考査日前（前年度は10/17または、10/24）に行われました。親子3人と試験官2名で、時間は10分から15分程度です。保護者への質問は家庭によって多少異なるものの、小学校受験でよく質問される、志望動機や家庭の教育方針などが中心です。お子さまには、口頭試問のような質問もあるので、慌てないように準備しておきましょう。親子3人で相談して答えるという質問もあります。これは親子間の意思疎通ができているかという観点で行われるものですが、志願者（お子さま）に答えさせることで、お子さまのコミュニケーション能力も測っています。特別な対策は必要ありませんが、親子で話し合う機会が少ないと感じているようなら、些細なことでも構わないので、会話をする習慣を付けるようにしましょう。質問に対して自然に回答できるようになります。

【おすすめ問題集】
　新 小学校受験の入試面接Q＆A、面接テスト問題集、面接最強マニュアル
　新口頭試問・個別テスト問題集

〈準備〉　クーピーペン（青）

〈問題〉　これからするお話をよく聞いて、後の質問に答えてください。

　　　　　長い鉛筆が消しゴムと絵を描き始めました。横にいた短い鉛筆が「それは耳かい？」と聞くと、長い鉛筆は「違うよ。鼻だよ」と丸い形を描いています。しばらくの間、「間違えた」「じゃあ消すね」と、長い鉛筆と消しゴムは言い合いながら絵を描いています。短い鉛筆は退屈になったので、画用紙から離れたところにいるハサミのところでまでコロコロと転がっていき、声をかけました。「あれは何を描いているんだろうね」ハサミは「さあ。イヌかな」とハサミはあまり興味がないようです。「絵を描くのにぼくはいらないからね。しばらく寝てるよ。用があったら起こしておくれ」と言って、道具箱に戻っていきました。短い鉛筆は机の上を探すと反対側に定規がいるのが見えました。短い鉛筆はまたコロコロと転がって、定規のところに行きました。「何を描いているかわかりますか」と聞くと、定規はしばらく考えてから「ネコかクマのように見える。ずいぶん丸いものだね」と言いました。「どっちにしろ、私の出番はなさそうだね。道具箱で休憩しているから、用があったら声をかけておくれ」と道具箱の方へ歩いていきました。机の上には、長い鉛筆と消しゴムしかいなくなったので、短い鉛筆は2人の方へ転がっていき、「終わったかい？」と聞くと「まだだよ」と消しゴムが答えました。「僕もひまだから、道具箱に戻ってもいいかい」と短い鉛筆が聞くと、長い鉛筆は「これから目の周りや耳を君に塗ってもらうから、しばらくそこで待っててよ」と言いました。「これはシロクマじゃなかったの？」と絵を見ながら短い鉛筆が聞くと長い鉛筆は、「似てるけど違う動物だよ」と言い、「そう言えば、しっぽは塗るのかな、塗らないのかな」と消しゴムに聞きながら絵の続きを描き始めました。

　　　　　（問題25の絵を渡す）
　　　　　①お話にでてきたものに〇をつけてください。
　　　　　②鉛筆たちは何を描こうとしているのでしょうか。正しいもの選んで〇をつけてください。

〈時間〉　各15秒

〈解答〉　①鉛筆（2本とも）、ハサミ、定規、消しゴム　②パンダ

[2019年度出題]

 学習のポイント

　まず、場面を頭に思い浮かべながらお話の流れをつかみ、次に登場人物の持ちものや描写など、細かい事柄をそれに付け加えていく、というのが基本的なお話の覚え方になります。当校ではファンタジー色の強いお話が出題に多いようですが、覚え方は一般的な話と変わりません。登場人物が文房具でも動物でも、「～が～した」「～が～と言った」という流れを踏まえつつ、その様子や数といった細かな描写を付け加えて行くのです。ストーリーの展開は小学校受験のお話ですから、それほど複雑なものではありません。読み聞かせに慣れていれば混乱することはなく、ケアレスミスがなければほとんどの志願者が正解するといったレベルでしょう。

【おすすめ問題集】
　　1話5分の読み聞かせお話集①・②、お話の記憶　初級編・中級編・上級編

〈 準 備 〉　クーピーペン（青）

〈 問 題 〉　それぞれの段の左端の絵と同じものを、右の中から選んで〇をつけてください。右の形はお手本を回転させたものもあります。

〈 時 間 〉　1分

〈 解 答 〉　①左から2番目　②右から2番目　③右端

[2019年度出題]

 学習のポイント

同図形（異図形）探しの問題は、まず見本となるの図形の特徴をとらえることから始まります。「図形の特徴」とは、「四角」「円」といった図形全体の形だけではなく、辺の長さ・向きや角の角度のことです。この問題の③で言えば、ロボットの目の形や、腕の向きといったところが「図形の特徴」ですが、小学校受験の段階ではその特徴を言葉で説明する必要はありません。直感的にその図形の「目立つところ」を見つけ、ほかの図形と比較し、「同じ（異なる）図形である」ということがわかればよいのです。そういった要領がわかっていれば問題なく答えることでしょう。ただし、そういったセンスが備わっていれば何の努力もなく問題が解けるというわけではなく、ある程度の「慣れ」は必要です。練習問題を数多く解くことに加え、触ることができる図形パズル（タングラムなど）や積み木などを使い、図形に対する知識と理解を深めていきましょう。

【おすすめ問題集】
　　Ｊｒ・ウォッチャー4「同図形探し」、46「回転図形」

問題26　分野：言語（言葉の音）

〈 準 備 〉　クーピーペン（青）

〈 問 題 〉　上の四角を見てください。左の絵はカバンです。その中には、「カバ」が隠れています。
下の四角の上の段の絵の中には、同じように動物が隠れています。隠れている動物を見つけて、下の段の絵と、線でつなぎましょう。

〈 時 間 〉　30秒

〈 解 答 〉　下図参照

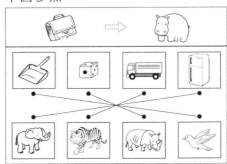

[2019年度出題]

内容としてはそれほど難しい問題ではありません。問われている言葉は年齢相応に知っているべき言葉ですから、スムーズに答えられるでしょう。この問題は、言葉の音（おん）の問題ですが、最近は言葉の意味や使い方に加え、こうした言葉遊びに近い問題もよく目にします。しりとりもよく出題されていますが、バリエーションが限られるという事情もあり、こういった出題となっているのかもしれません。いずれにせよ観点は1つで、「年齢相応に言葉を知っているか」ということです。お子さまの語彙が不足していると感じるなら、言葉遊びの機会を増やすのも対策の1つですが、親子間での会話を増やすことが何よりの対策になります。生活で使われる言葉は、小学校受験で最も出題される言葉だからです。なお、お子さまが問題文の意味を理解できないようであれば、こうした問題に数多く接して「何を問われているか」にポイントを置いて指示を聞く、ということを習慣にするようにしてください。

【おすすめ問題集】
　　Ｊｒ・ウォッチャー17「言葉の音遊び」、18「いろいろな言葉」、
　　60「言葉の音（おん）」

問題27　分野：数量（数の構成）

〈準　備〉　クーピーペン（青）

〈問　題〉　上の段を見てください。左の四角に描いてあるミカンの数は「8」です。
　　　　　　右の四角に描いてある、ミカンの置いてある皿のどれとどれをを選べば同じ数になりますか。正しいものを選んで○をつけてください。下の段も同じように答えてください。

〈時　間〉　30秒

〈解　答〉　下図参照

[2019年度出題]

「数に対するセンス」を観点にした問題です。「数に対するセンス」とはひと目で２つの集合の多少ががわかったり、10以下の数であれば、指折り数えることなく、いくつものがあるかがわかる、といった感覚のことです。こういう表現をしてしまうと難しそうですが、この感覚は、特別な訓練が必要なものではなく日常生活で自然と身に付くものです。小学校に入学すると、基本的なたし算・ひき算をする時に習うのが「たして10になる数」の２つの数の組み合わせ（「１・９」「２・８」など）ですが、学習する前に何となく学んでいたという方も多いのではないでしょうか。買いものをしてお金を払う時、友だちとおやつを分ける時など、何かを数える時に自然と10単位でものを数えているのです。この問題ではいちいち指折り数えていると、時間内に答えることができません。「数に対するセンス」を身に付けて、こうした問題にも余裕を持って答えられるようになりましょう。

【おすすめ問題集】
　　Ｊｒ・ウォッチャー38「たし算・ひき算１」、39「たし算・ひき算２」、
　　41「数の構成」

問題28　分野：複合（推理・数量）

〈準　備〉　クーピーペン（青）

〈問　題〉　①クマとリスがドングリを拾いに☆の描いてある四角からスタートします。リスは１歩歩くと１マス進み、クマは１歩歩くと２マス進みます。５歩歩いた時にクマはどこにいますか。その四角に○をつけてください。
　　　　　②リスは５歩歩いた時にいくつドングリを持っていますか。その数だけ下の四角に○を書いてください。

〈時　間〉　各20秒

〈解　答〉　下図参照

[2019年度出題]

①は位置の移動の問題です。指示を守ることができれば問題なく答えることができます。「クマが１歩で２マス、リスが１歩で１マス進む」という条件はありますが、それほど複雑な指示ではありません。集中していれば、聞き漏らすこともないでしょう。②は数量と推理の複合問題です。①の条件はそのままなので、リスが５歩移動した時にそのコースにいくつドングリがあるかを数えればよい、ということになります。すぐに答えられないようであれば、数えられないということではなく、問題の意味がよくわかっていないということでしょう。最近では、プロジェクターなどで例題を解き、わかりやすく指示を出す入試もありますが、小学校受験の問題は口頭で読み上げられるのが基本です。指示を最後まで聞き、よく理解してから、答えるようにしてください。

【おすすめ問題集】
　　Ｊｒ・ウォッチャー14「数える」、37「選んで数える」、47「座標の移動」

問題29　分野：行動観察（制作）

〈準備〉　　（模造紙に弁当箱に見立てた青色の枠（50cm×70cm）を描いておく）
　　　　　　模造紙１枚（80cm×100cm）、画用紙（適宜）、クレヨン（12色程度）、
　　　　　　ハサミ、セロハンテープ

〈問題〉　　**この問題の絵はありません。**
　　　　　　（４人程度のグループで行う。あらかじめ準備した画用紙とクレヨンを渡しておく）
　　　　　　今から、お弁当に入れるものを画用紙に描きます。
　　　　　　①それぞれが何の絵を描くか、話し合って決めてください。
　　　　　　②描き終わった人は描いたものをハサミで切り、青い枠の中にセロハンテープで貼ってください。
　　　　　　③出来上がったら、「できました」と先生に言ってください。

〈時間〉　　適宜

〈解答〉　　省略

[2019年度出題]

✏ 学習のポイント

グループでの制作は協調性が観点ですから、①の「話し合って」はもちろんのこと、②「できました」と報告するところも、個人ではなくグループに対しての指示だと考えて行動してください。保護者の方の関心は、こういった指示を受けた時どのように行動すればよい評価を得られるのか、というところだと思いますが、結論から言えば「常識的な振る舞いであれば間違いというものはない」ということになります。ほかの志願者の意見をまとめるなど、積極的に行動するのはもちろんよい評価につながります。だからと言って、黙々と作業を行っていると、悪い評価につながるということもありません。大きな声が出なくても、表情や動作に他人を思いやる気持ちが表れていれば、コミュニケーション能力は「ある」と評価されるでしょう。そういった考え方からすれば、行動観察でやってはいけないのは、「ふだん通りではない自分を見せようとして、目立ってしまうこと」に尽きます。自分の評価を高めるために、集団の和を乱すようなトラブルを起こすというのは評価する側が最も嫌うことです。

【おすすめ問題集】
　　実践 ゆびさきトレーニング①・②・③、Ｊｒ・ウォッチャー22「想像画」、
　　24「絵画」、29「行動観察」

問題30　分野：お話の記憶

〈準　備〉　クーピーペン（青）

〈問　題〉　これからするお話をよく聞いて、後の質問に答えてください。

　　　　　花子さんは、お姉さんといっしょに植物園へ行きました。植物園には、温かいお部屋があり、その中には、花子さんが見たことのない大きな花や、きれいな色をした花がたくさん咲いていました。花子さんとお姉さんは、おみやげに、何かの種が植えられた植木鉢を買うことにしました。「私は1番大きい植木鉢が欲しいよ」と花子さんが言いました。お姉さんは、「それじゃあ、私はこれにしよう」と言って、四角い植木鉢を選びました。「どんな花が咲くのかなあ」と話をしながら、花子さんとお姉さんは、植木鉢を大事そうに抱えて、お家に帰りました。
　　　　　それから何日かして、2人の植木鉢から、緑色の芽が出てきました。「何の花だろう。まだわからないね」と言いながら、花子さんとお姉さんは、植木鉢に水をあげました。
　　　　　また何日かして、お姉さんの植木鉢に花が咲きました。「わあ。黄色い花が咲いたよ。これはカボチャの花だね」お姉さんはとてもうれしそうです。「私の花はまだ咲かないのかな」花子さんは少しがっかりしてしまいました。
　　　　　次の日、花子さんの植木鉢にも花が咲きました。「やっと咲いたよ。ピンク色の花が咲いた」花子さんは大喜びです。お姉さんは「これはサツマイモの花だね。大きくなる前に、畑に植え替えなきゃいけないね」と言いました。次の日曜日に、2人はそれぞれの花を畑に植え替えました。
　　　　　秋になりました。花子さんとお姉さんは、カボチャとサツマイモを収穫しました。そのカボチャとサツマイモを使って、お母さんがカボチャプリンとサツマイモパイを作ってくれました。おいしいプリンとパイを食べて、花子さんもお姉さんも、とても満足でした。

（問題30の絵を渡す）
①花子さんとお姉さんは、どんな植木鉢を買いましたか。花子さんが選んだ植木鉢に〇を、お姉さんが選んだ植木鉢に△を書いてください。
②花子さんの花からは、どんな実ができましたか。選んで〇をつけてください。
③お姉さんの花が咲いたとき、花子さんはどんな気持ちになりましたか。選んで〇をつけてください。
④お母さんは、カボチャとサツマイモで、何を作ってくれましたか。選んで〇をつけてください。

〈時　間〉　各15秒

〈解　答〉　①〇：左端　△：右端　②〇：右から2番目（サツマイモ）
　　　　　③〇：左から2番目　④〇：右から2番目

［2018年度出題］

 学習のポイント

お話の記憶の問題では、場面を頭に思い浮かべながらお話の流れをつかみます。その際に、登場人物の持ちものや植物の描写など、細かい部分も覚えていくことが基本です。当校の問題は、例年、基本事項を踏まえたものが多く出題されています。また、登場人物の持ちものを聞いたり、数量に関する質問が多く出題されていることも特徴と言えます。まず、基本的な聞き取りができるようになることを目標に、短めのお話で練習を繰り返してください。実戦的な練習の時期になったら、聞き取る力をさらに伸ばすことが対策になります。例えば、少し速めに読んだり、抑揚を抑えたり、録音した音声を使ったりなどを試してください。読み方を工夫するだけで、難易度が変わります。

【おすすめ問題集】
　1話5分の読み聞かせお話集①・②、お話の記憶　初級編・中級編・上級編

問題31　分野：常識（季節）

〈 準 備 〉　クーピーペン（青）

〈 問 題 〉　それぞれの段に描かれているものを、同じ季節のもの同士、線でつないでください。

〈 時 間 〉　1分

〈 解 答 〉　下図参照

[2018年度出題]

 学習のポイント

常識分野の問題では、さまざまなものに対して、名前だけでなく、季節、仲間、使い方、言葉の音（おん）など、付随する知識が多岐に渡って出題されます。そのため、覚える時にも工夫が必要です。例えば、机上の知識として覚えることと、生活・体験を通して覚えることの両方を進めていくと、知識が結びつき、定着につながる機会が増えます。また、覚えた知識を声に出して言うことも、定着の方法としておすすめです。「コスモスといったら秋の花。秋の花といったらコスモス」のように、関係を入れ替えて声に出すのも効果的です。「季節」の知識に限らず、常識分野の知識は混同しやすいものです。ある程度覚えたら、知識を整理することも忘れないようにしてください。

【おすすめ問題集】
　Ｊｒ・ウォッチャー34「季節」

問題32　分野：図形（回転図形）

〈 準 備 〉　クーピーペン（青）

〈 問 題 〉　左の上の四角を見てください。左の絵を何回か回して、右の絵のようにします。左の絵と同じになるように、右の絵の中に記号を書いてください。ほかの四角も同じように、絵の中に記号を書いてください。

〈 時 間 〉　各20秒

〈 解 答 〉　下図参照

[2018年度出題]

学習のポイント

回転後の絵を完成させることが求められている問題です。図形の回転の様子を、頭の中で
しっかりと思い浮かべなければならないため、難易度の高い問題と言えます。考え方とし
ては、図形の中にある記号の1つに注目し、その記号が右回り（または左回り）にどのく
らい移動したのかを確認します。そして記号が移動した分だけ、ほかの記号も同じように
移動させます。記号の位置の移動だけでなく、さまざまな記号を扱っているので、細かい
ところにまで目を配る観察力が求められています。図形の回転だけにこだわらず、図形の
位置や形を認識する力を伸ばせるように、さまざまなパターンの問題に取り組むことを、
ふだんから心がけておくとよいでしょう。

【おすすめ問題集】
Ｊｒ・ウォッチャー46「回転図形」

問題33 分野：数量（たし算・ひき算）

〈準 備〉 クーピーペン（青）

〈問 題〉 ①ウサギさんが、ニンジンを10本持っています。お兄さんウサギに2本、妹ウ
サギに1本あげると、何本残りますか。その数だけ右の四角に〇を書いてく
ださい。
②リスさんは、クリを3つ拾いました。その後、また2つ拾いました。リスさ
んは、クリを全部でいくつ持っていますか。その数だけ右の四角に〇を書い
てください。
③キツネさんはアメを5個持っていました。ウサギさんに1個あげて、リスさ
んから2個もらいました。キツネさんは、アメを全部でいくつ持っています
か。その数だけ右の四角に〇を書いてください。

〈時 間〉 各15秒

〈解 答〉 ①〇：7 ②〇：5 ③〇：6

[2018年度出題]

 学習のポイント

数量の増減に関する問題です。数のやりとりに対する理解と、指示を集中して聞く力が観
られています。複雑な問題ではないので、まとめて数えようとせず、1回のやりとりご
とに数をかぞえていけばよいでしょう。問題文を聞きながら頭の中で数を操作するために
は、1度で指示を聞き取って、頭の中で増減の処理ができるようにしなければいけませ
ん。具体物を使って少し複雑な計算をした後に、頭の中で簡単な数量の処理を行うように
すると効果的です。これを繰り返していると、多少複雑な計算でも、スムーズに答えを求
められるようになります。問題の内容がしっかり理解できていると感じたら、正確さにも
目を向けましょう。

【おすすめ問題集】
Ｊｒ・ウォッチャー38「たし算・ひき算1」、39「たし算・ひき算2」、
43「数のやりとり」

問題34 分野：行動観察（制作）

〈準　備〉　大きな画用紙（4〜6枚）、クレヨン（12色程度）

〈問　題〉　**この問題の絵はありません。**
（4人程度のグループで行う。あらかじめ準備した画用紙とクレヨンを渡しておく）
今から、なりたいお店屋さんの絵を描きます。
①グループのみんなで、なりたいお店屋さんを話し合って決めてください。
②次に、お店屋さんの看板を描いてください。
③最後に、お店屋さんで売るものを描いてください。出来上がったら、「できました」と先生に言いましょう。

〈時　間〉　適宜

〈解　答〉　省略

[2018年度出題]

 学習のポイント

本課題では、みんなで話し合って、お店、看板、商品の3つを決めなければなりません。お互いの意見を交換し、役割を決めて、その役割にふさわしい行動ができるかどうかが観られています。このような課題では、リーダーシップをとることで、試験が有利になるようなことはありません。お子さまの性格にあわせて、あらかじめ振る舞い方を相談しておくことが大切です。例えば、率先して行動できるタイプならば、仲間に声をかけて考えを聞き出し、行動を決めることができます。指示通りに行動することが得意ならば、リーダーの指示が活きるように、テキパキと行動すればよいでしょう。また、みんなの意見が分かれた時にはどうすればよいかなども、事前に話し合っておくことの1つにあげられます。お子さまがふだん、お友だちとどのように接しているのかを保護者の方はよく観察して、お子さまの「よさ」を見つけることから取り組んでみてください。

【おすすめ問題集】
Ｊｒ・ウォッチャー29「行動観察」

〈 準 備 〉 クーピーペン（青）

〈 問 題 〉 **この問題の絵は縦に使用してください。**
これからするお話をよく聞いて、後の質問に答えてください。

ウサギさん、ビーバーさん、リスさん、小鳥さん、ロバさんが広場で遊んでいます。ロバさんが「ウサギさんはピョンピョン跳べる。リスさんはフサフサしたしっぽで、みんなを温めてあげられる。小鳥さんは空を飛んで、高いところの木の実をみんなに運べる。ビーバーさんは、丈夫な歯で木を削ってみんなにシーソーを作ってあげられるのに、ぼくは何もできないよ」と悲しそうな声で言いました。みんなで鬼ごっこしていると、遠くまで行ってしまったウサギさんは、みんなとはぐれてしまいました。「みんなどこに行ったのかしら」とウサギさんはみんなを探しましたが、あたりは夕方になり、薄暗くてよくわかりません。しばらく歩いていると、木の根っこに足をとられてウサギさんは転んでしまいました。「助けて！」とウサギさんは大きな声で言いました。それを遠くで聞いたのはロバさんです。みんなには聞こえませんでしたが、ロバさんにだけ、ウサギさんの声が聞こえたのです。ロバさんがウサギさんを助けに行くと、ウサギさんは足をひねって動けなくなっていました。「ぼくに乗って」とロバさんはウサギさんに言いました。ウサギさんは、ロバさんに乗って「ロバさんのいいところは耳のよいところよ」と言いました。ロバさんは「いいところを見つけてくれてありがとう」とお礼を言いました。

（問題35の絵を渡す）
①ケガをした動物に○をつけてください。
②ケガをした動物を助けた動物に△をつけてください。
③ビーバーさんが木を歯で削って作ったものに○をつけてください。

〈 時 間 〉 各20秒

〈 解 答 〉 ①右から2番目（ウサギ） ②右端（ロバ） ③左から2番目（シーソー）

[2017年度出題]

 学習のポイント

このお話のように登場人物（動物）の多いお話は、自分が主人公になったつもりで、お話の中の情景を思い浮かべながら聞いていると、お話も記憶しやすくなるでしょうし、後で質問されそうな箇所もわかってきます。また、日頃の読み聞かせの際に、お話を途中で区切って、質問をしながら読むことを繰り返していくと、内容を覚えるためのお話の聞き方が自然と身に付くでしょう。そういったお話の聞き方が身に付いた後は、お子さまから保護者の方に問題を出してもらう、あるいはお子さまにお話の続きを考えさせるといった「応用」の学習をしてみるのもよいでしょう。学習に飽きることなく、どんなお話にでも対応できる柔軟性が身に付きます。

【おすすめ問題集】
1話5分の読み聞かせお話集①・②、話の記憶 初級編・中級編・上級編

問題36　分野：推理（濃度）

〈 準 備 〉　クーピーペン（青）

〈 問 題 〉　コップに同じ量の絵の具を入れます。3番目に絵の具の色が濃くなるコップの絵に、○をつけてください。

〈 時 間 〉　1分

〈 解 答 〉　右上

[2017年度出題]

 学習のポイント

濃度の問題自体が小学校入試であまり出題されませんが、「水に溶いた時の絵の具の色の濃さ」を聞く問題はさらに珍しいでしょう。砂糖水の濃度の問題（1番甘いものはどれかといった問題）は生活体験と関連付けられますが、「絵の具を水に溶く」という行為は日常ではなかなか行わないでしょうから、「濃度の問題を解いたことがあって、これを応用して考えることができる志願者」以外にはかなり難しい問題だったかもしれません。対策としては、応用を必要とする推理分野の問題を数多くこなすことはもちろんですが、問題の見かけに左右されるのではなく、「何を聞かれているのか」を問題を解く前に考えることを習慣にすることです。なお、当校では、この問題のように「内容自体は基礎的だが、出題方法や問題の題材が特殊」である場合があります。注意してください。

【おすすめ問題集】
　　Ｊｒ・ウォッチャー31「推理思考」

問題37　分野：常識（理科）

〈 準 備 〉　クーピーペン（青）

〈 問 題 〉　①上の段を見てください。間違ったことを言っている動物に、×をつけてください。
　　　　　　ヒツジさんは言いました。「お湯に水を入れたらぬるくなった」
　　　　　　クマさんは言いました。「卵を水に入れたら浮かんだ」
　　　　　　ウサギさんは言いました。「水に砂糖を入れたら、甘い味になった」
　　　　　　ネコさんは言いました。「氷を水に入れたら氷が水に浮かんだ」
　　　　　②下の段を見てください。この中で卵から生まれる動物に、○をつけてください。

〈 時 間 〉　①30秒　②1分

〈 解 答 〉　①左から2番目（クマ）　②ペンギン、カエル、クジャク、マグロに○

[2017年度出題]

22　　　　　　2022年度 聖心女子学院 過去

①はいわば生活常識で、勉強して知るというより、生活の中で学ぶものです。中でも「卵は水に浮かない」という知識は、大人でも知らない人がいるでしょう。かなり難しい問題ですから、消去法（ほかの発言はすべて正しいと考えて正解を選ぶ）で答えても問題ありません。②では卵生・胎生について聞かれています。小学校入試では、海に棲むイルカ・クジラ、陸上ではコウモリなど、魚・鳥と混同しやすいものが多く出題されています。単に解答できるという知識を持つのではなく、できれば生態がわかるように実物や映像を見て、関連する知識も学んでおくとよいでしょう。

【おすすめ問題集】
　Ｊｒ・ウォッチャー27「理科」、55「理科②」

問題38　分野：推理（シーソー）

〈準 備〉　クーピーペン（青）

〈問 題〉　4種類のおもりの重さを天秤ばかりで比べたら、上の絵のように釣り合いました。では下の絵のように、おもりを天秤ばかりに載せた時、釣り合うのはどれですか。〇をつけてください。

〈時 間〉　2分

〈解 答〉　上段の真ん中、下段の左端、下段の真ん中

[2017年度出題]

 学習のポイント

まず、条件をしっかり理解することから始めましょう。「口1個の重さが■2個の重さと同じ」、「〇1個の重さが口2個の重さと同じ」という2つの条件から、「〇1個の重さは■4個の重さと同じ」であることがわかります。同じように、「●1個は■8個分の重さ」だということもわかります。このように、すべてのおもりの重さを1番軽いもののいくつ分になるかを考えると比べやすくなります。慣れるまでは、おはじきなどを使って、置き換えの関係を理解できるような練習をするとよいでしょう。

【おすすめ問題集】
　Ｊｒ・ウォッチャー33「シーソー」、57「置き換え」

〈準 備〉　クーピーペン（青）

〈問 題〉　①かなこさんはアメを３個買いました。お母さんがその後アメを買い足した
　　　　　　ら、アメは全部で10個になりました。お母さんはアメをいくつ買いました
　　　　　　か。上の段にその数だけ○を書いてください。
　　　　　②かなこさんは10個あるアメを、４人のお友だちにあげることにしました。
　　　　　　１人２個ずつあげると、かなこさんの持っているアメはいくつになるでしょ
　　　　　　う。真ん中の段にその数だけ○を書いてください。
　　　　　③ビンに入ったジュースが10本あります。たろうくんが３本飲むと残りは何本
　　　　　　ですか。下の段にその数だけ○を書いてください。

〈時 間〉　各15秒

〈解 答〉　①○：7　②○：2　③○：7

［2017年度出題］

 学習のポイント

　当校の入試で頻出の「数量」分野の問題です。数量分野の問題は、単純なたしひきから、
分配・比較へと発展し、記憶の問題や図形の問題と複合するなど、さまざまな出題パタ
ーンがありますが、基礎となる「数の概念」が身に付いていれば、正しく解答すること
ができるでしょう。ハウツー的な解答方法だけを学ぶのではなく、具体物（おはじきなど）
を利用して数を分けることや、数の多少などがすぐイメージできるまでにしておきましょ
う。本問では、どの問題も10までの数を扱った基礎的な問題だけですから、取りこぼしは
したくないところです。解答時間が短く、イラストではなく言葉で説明されるとどうして
も勘違いをしてしまうことがあります。落ち着いて取り組んでください。

【おすすめ問題集】
　　Ｊｒ・ウォッチャー38「たし算・ひき算１」、39「たし算・ひき算２」

〈準 備〉　なし

〈問 題〉　この問題の絵はありません。
　　　　　「私は歌が得意だから、病気の人に歌を歌ってあげる」
　　　　　「私は足が速いので、鬼ごっこをしても捕まらない」
　　　　　「私はすべり台が好きだから、お友だちが並んでいても先に滑るよ」
　　　　　「私は背が高いから、妹の手が届かないところのものを取ってあげる」
　　　　　この中で、いけないことを言っていると思うのはどれですか。その理由も言っ
　　　　　てください。

〈時 間〉　適宜

〈解 答〉　省略

［2017年度出題］

学習のポイント

この問題は、「弱い立場の人への思いやり」を観る問題ですが、お子さまに「一般的に言ってはならないことがわかる」という程度の常識があれば、解答は難しいものではありません。当校の常識問題で問われることが多いのは、公共の場での正しいマナーや知識です。また、そういったことを各家庭できちんと躾けていることが前提となっていますから、直接的ではなくとも、マナーについては常にチェックされていると考えたほうがよいでしょう。この問題の場合も、「なぜいけないことなのか」という理由を述べる際に、その点がチェックされていると考えてください。

【おすすめ問題集】
　　Ｊｒ・ウォッチャー12「日常生活」、56「マナーとルール」

問題41　分野：巧緻性（模写）

〈準　備〉　クーピーペン（青）

〈問　題〉　点線を青色のクーピーペンでなぞってください。

〈時　間〉　2分

〈解　答〉　省略

[2017年度出題]

 学習のポイント

点線をなぞる問題です。どこから始めるのか自分の中でルールを持っていると、取り組みやすいと思います。問題によっては書き始めのポイントを間違えると、書きにくくなる場合あるので気を付けてください。家庭で練習をする時は、始点の位置を確認し、その後、線の中央をなぞっていくイメージで書いていくと仕上がりもよいようです。斜め方向への線引き、曲線などは、線が見本からはみ出さないように練習しておきましょう。運筆の問題では、筆記用具の使い方や書いている姿勢などもチェックされることがあります。神経質になる必要はありませんが、「正しいもの」を身に付けておきましょう。

【おすすめ問題集】
　　Ｊｒ・ウォッチャー51「運筆①」、52「運筆②」

問題42　分野：言語

〈準　備〉　クーピーペン（青）

〈問　題〉　言葉の真ん中に小さな「っ」が入る言葉に〇、最後が「ん」で終わる言葉に△をつけてください。

〈時　間〉　30秒

〈解　答〉　〇：ラッパ、切手、コップ　　△：ダイコン、ペンギン

[2017年度出題]

語彙を増やすには毎日の生活の中で興味を持ったものや、経験したことを言葉にするのが効果的です。絵を描いたり、言葉カードを使って視覚化するとさらに記憶に残りやすくなります。その際には正確に、一般的な名称で覚えること、「音」という概念を意識するとよいでしょう。言葉は「音」のつながりであることを理解させておくと、本問の『「っ」が入っている言葉』と『「ん」で終わる言葉』を同時に探すという作業もスムーズに行えるのではないでしょうか。最近は言語分野の問題の出題方法も「しりとり」ばかりでなく、工夫されたものが多くなっています。対策学習は万全にしておきましょう。

【おすすめ問題集】
　　Ｊｒ・ウォッチャー17「言葉の音遊び」、18「いろいろな言葉」

問題43　　分野：制作

〈準　備〉　クレヨン（12色）1セット、画用紙（画用紙には動物園の柵をいくつか描いておく）

〈問　題〉　　この問題の絵はありません。
　　　　　　（3〜4人程度のグループで行う。あらかじめ準備した画用紙とクレヨンを渡しておく）
　　　　　　画用紙に、クレヨンで動物の絵を描いてください。
　　　　　　何を描くかは、グループの中で話し合って決めてください。
　　　　　　出来上がったら、「できました」と先生に言いましょう。

〈時　間〉　適宜

〈解　答〉　省略

[2017年度出題]

 学習のポイント

注目すべきなのは、クレヨンがグループに1セットしかないことです。どのように貸し借りをして絵を描いていくかということになります。当然ですが、この問題は協調性が観点で、創造性や巧緻性はそれほど重要視されていないでしょう。はじめて会ったお友だちと遊ぶと、ふだんと違うお子さまの行動が出てしまうかもしれませんが、意欲を持ってキビキビと行動することを目指し、新しいことに積極的に取り組んでいれば、問題なく行動できるはずです。無理にリーダーシップをとる必要はありません。お友だちの言ったことを理解し、思いやりを持って行動できていれば問題ないでしょう。

【おすすめ問題集】
　　Ｊｒ・ウォッチャー24「絵画」、29「行動観察」

問題12

①

②

2022 年度　聖心女子学院　過去　無断複製／転載を禁ずる　日本学習図書株式会社

2022 年度　聖心女子学院　過去　無断複製／転載を禁ずる　　　　　　　日本学習図書株式会社

問題15

①

②

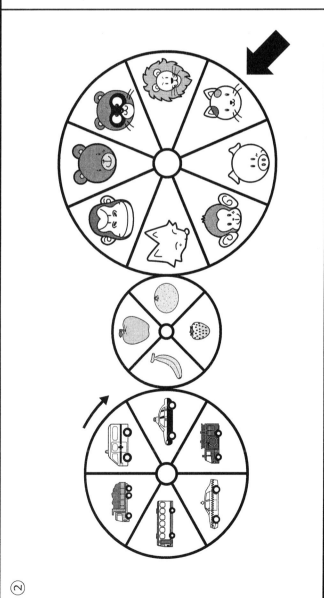

日本学習図書株式会社

2022年度　聖心女子学院　過去　無断複製／転載を禁ずる　日本学習図書株式会社

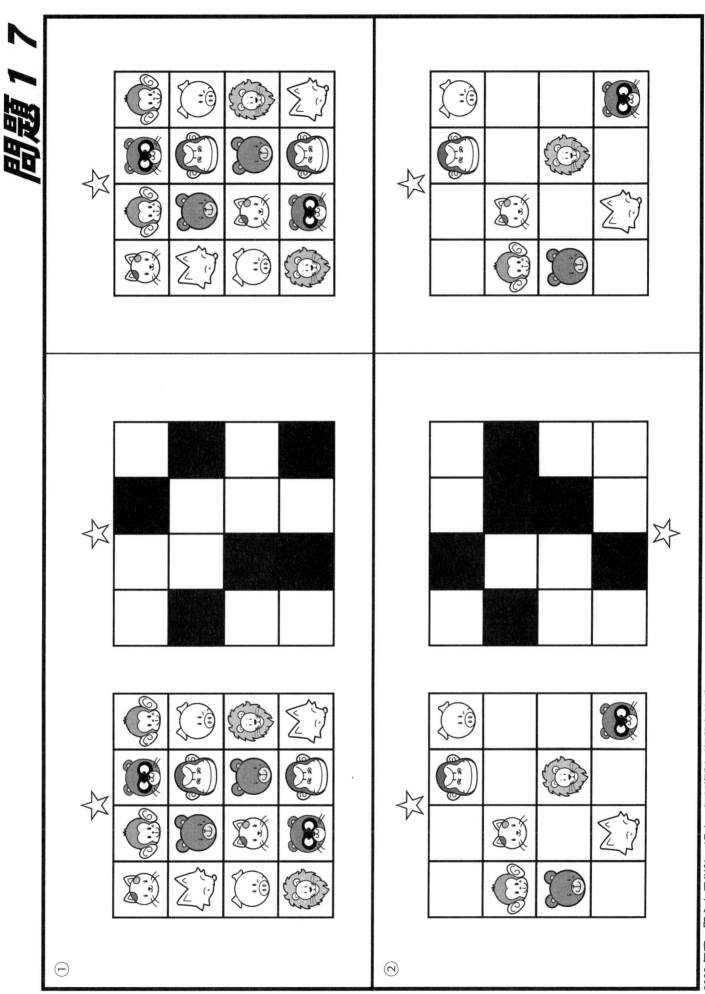

2022 年度　聖心女子学院　過去　無断複製／転載を禁ずる　日本学習図書株式会社

問題 1 9

① ○ ◁ □

② ● ◀ ■

問題２０

- 35 -

日本学習図書株式会社

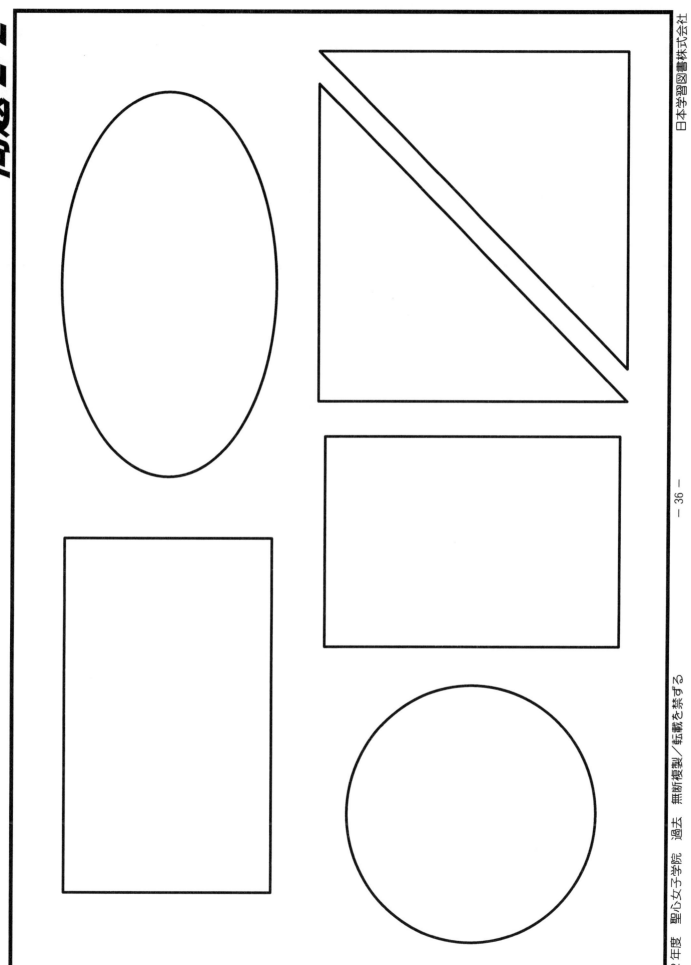

2022年度　聖心女子学院　過去　無断複製/転載を禁ずる　日本学習図書株式会社

2022年度　聖心女子学院　過去　無断複製/転載を禁ずる　日本学習図書株式会社

問題２５

①

②

③

日本学習図書株式会社

2022年度　聖心女子学院　過去　無断複製／転載を禁ずる　　日本学習図書株式会社

日本学習図書株式会社

日本学習図書株式会社

問題 3 1

日本学習図書株式会社

日本学習図書株式会社

2022 年度　聖心女子学院　過去　無断複製／転載を禁ずる

①

②

③

日本学習図書株式会社

① ② ③

② ④ ① ③

2022 年度　聖心女子学院　過去　無断複製／転載を禁ずる　　　日本学習図書株式会社

2022 年度　聖心女子学院　過去　無断複製／転載を禁ずる　日本学習図書株式会社

①

②

③

日本学習図書株式会社

2022 年度　聖心女子学院　過去　無断複製／転載を禁ずる　日本学習図書株式会社

☆国・私立小学校受験アンケート☆

ご記入日 令和　年　月　日

※可能な範囲でご記入下さい。選択肢は〇で囲んで下さい。

〈小学校名〉_____　〈お子さまの性別〉男・女　〈誕生月〉____月

〈その他の受験校〉（複数回答可）_____

〈受験日〉①：____月____日　〈時間〉____時____分　～　____時____分

　　　　　②：____月____日　〈時間〉____時____分　～　____時____分

〈受験者数〉　男女計____名　（男子____名　女子____名）

〈お子さまの服装〉_____

〈入試全体の流れ〉（記入例）準備体操→行動観察→ペーパーテスト

_____

Ｅメールによる情報提供

日本学習図書では、Ｅメールでも入試情報を募集しております。
　下記のアドレスに、アンケートの内容をご入力の上、メールをお送り下さい。

**ojuken@
nichigaku.jp**

●行動観察
（例）好きなおもちゃで遊ぶ・グループで協力するゲームなど

〈実施日〉____月____日　〈時間〉____時____分　～　____時____分　〈着替え〉□有　□無

〈出題方法〉□肉声　□録音　□その他（　　　　　　　）　〈お手本〉□有　□無

〈試験形態〉□個別　□集団（　　　人程度）　　　　〈会場図〉

〈内容〉

　□自由遊び

　_____

　□グループ活動

　_____

　□その他

　_____

●運動テスト（有・無）
（例）跳び箱・チームでの競争など

〈実施日〉____月____日　〈時間〉____時____分　～　____時____分　〈着替え〉□有　□無

〈出題方法〉□肉声　□録音　□その他（　　　　　　　）　〈お手本〉□有　□無

〈試験形態〉□個別　□集団（　　　人程度）　　　　〈会場図〉

〈内容〉

　□サーキット運動

　　□走り　□跳び箱　□平均台　□ゴム跳び

　　□マット運動　□ボール運動　□なわ跳び

　　□クマ歩き

　□グループ活動_____

　□その他_____

日本学習図書株式会社

●知能テスト・口頭試問

〈実施日〉＿＿月＿＿日 〈時間〉＿＿時＿＿分 ～ ＿＿時＿＿分 〈お手本〉□有 □無

〈出題方法〉 □肉声 □録音 □その他（　　　　　　　　）〈問題数〉＿＿枚＿＿問

分野	方法	内　　容	詳　細・イ　ラ　ス　ト
(例) お話の記憶	☑筆記 □口頭	動物たちが待ち合わせをする話	(あらすじ) 動物たちが待ち合わせをした。最初にウサギさんが来た。次にイヌくんが、その次にネコさんが来た。最後にタヌキくんが来た。 (問題・イラスト) 3番目に来た動物は誰か
お話の記憶	□筆記 □口頭		(あらすじ) (問題・イラスト)
図形	□筆記 □口頭		
言語	□筆記 □口頭		
常識	□筆記 □口頭		
数量	□筆記 □口頭		
推理	□筆記 □口頭		
その他	□筆記 □口頭		

日本学習図書株式会社

●制作 （例）ぬり絵・お絵かき・工作遊びなど

〈実施日〉　　　月　　日　〈時間〉　　　時　　分　～　　　時　　分

〈出題方法〉　□肉声　□録音　□その他（　　　　　　　　）　〈お手本〉□有　□無

〈試験形態〉　□個別　□集団（　　　　　人程度）

材料・道具	制作内容
□ハサミ	□切る　□貼る　□塗る　□ちぎる　□結ぶ　□描く　□その他（　　　　　）
□のり（□つぼ □液体 □スティック）	タイトル：＿＿＿＿＿＿＿＿＿＿＿＿＿＿＿
□セロハンテープ	
□鉛筆 □クレヨン（　色）	
□クーピーペン（　色）	
□サインペン（　色）□	
□画用紙（□A4 □B4 □A3	
□その他：　　　　）	
□折り紙 □新聞紙 □粘土	
□その他（　　　　　　　）	

●面接

〈実施日〉　　　月　　日　〈時間〉　　　時　　分　～　　　時　　分　〈面接担当者〉　　　名

〈試験形態〉　□志願者のみ（　　）名　□保護者のみ　□親子同時　□親子別々

〈質問内容〉

□志望動機　□お子さまの様子

□家庭の教育方針

□志望校についての知識・理解

□その他（　　　　　　　　　　　　）

（　詳　細　）

・

・

・

・

※試験会場の様子をご記入下さい。

例
校長先生　教頭先生
⊗　子　母
出入口

●保護者作文・アンケートの提出（有・無）

〈提出日〉　□面接直前　□出願時　□志願者考査中　□その他（　　　　　　　　）

〈下書き〉　□有　□無

〈アンケート内容〉

（記入例）当校を志望した理由はなんですか（150字）

日本学習図書株式会社

● **説明会**（□有　□無）〈開催日〉＿＿月＿＿日〈時間〉＿＿時＿＿分　～　＿＿時＿＿分

〈上履き〉　□要　□不要　〈願書配布〉　□有　□無　〈校舎見学〉　□有　□無

〈ご感想〉

```
┌─────────────────────────────────────────────────┐
│                                                 │
│                                                 │
│                                                 │
│                                                 │
│                                                 │
│                                                 │
└─────────────────────────────────────────────────┘
```

● **参加された学校行事**（複数回答可）

公開授業〈開催日〉＿＿月＿＿日〈時間〉＿＿時＿＿分　～　＿＿時＿＿分

運動会など〈開催日〉＿＿月＿＿日〈時間〉＿＿時＿＿分　～　＿＿時＿＿分

学習発表会・音楽会など〈開催日〉＿＿月＿＿日〈時間〉＿＿時＿＿分　～　＿＿時＿＿分

〈ご感想〉

```
┌─────────────────────────────────────────────────┐
│ ※是非参加したほうがよいと感じた行事について      │
│                                                 │
│                                                 │
└─────────────────────────────────────────────────┘
```

● **受験を終えてのご感想、今後受験される方へのアドバイス**

```
┌─────────────────────────────────────────────────┐
│ ※対策学習（重点的に学習しておいた方がよい分野）、当日準備しておいたほうがよい物など │
│                                                 │
│                                                 │
│                                                 │
│                                                 │
│                                                 │
│                                                 │
└─────────────────────────────────────────────────┘
```

＊＊＊＊＊＊＊＊＊＊　ご記入ありがとうございました　＊＊＊＊＊＊＊＊＊＊

必要事項をご記入の上、ポストにご投函ください。

　なお、本アンケートの送付期限は入試終了後３ヶ月とさせていただきます。また、入試に関する情報の記入量が当社の基準に満たない場合、謝礼の送付ができないことがございます。あらかじめご了承ください。

ご住所：〒＿＿＿＿＿＿＿＿＿＿＿＿＿＿＿＿＿＿＿＿＿＿＿＿＿＿＿＿＿＿＿＿＿＿＿

お名前：＿＿＿＿＿＿＿＿＿＿＿＿＿＿＿　メール：＿＿＿＿＿＿＿＿＿＿＿＿＿＿＿＿

ＴＥＬ：＿＿＿＿＿＿＿＿＿＿＿＿＿＿＿　ＦＡＸ：＿＿＿＿＿＿＿＿＿＿＿＿＿＿＿

日本学習図書株式会社

分野別 小学入試練習帳 ジュニアウォッチャー

No.	分野	説明
1	点・線図形	小学校入試で出題頻度の高い「点」「線図形」の模写を、難易度の低いものから段階的に幅広く練習することができるように構成。
2	座標	図形の位置模写という作業を、難易度の低いものから段階別に練習できるように構成。
3	パズル	様々なサイズの問題を難易度の高いものから段階別に練習できるように構成。
4	同図形探し	小学校入試で出題頻度の高い、同図形選びの問題を繰り返し練習できるように構成。
5	回転・展開	図形などを回転、または展開したとき、形がどのように変化するかを学習し、理解を深められるように構成。
6	系列	数、図形などどの様々な系列問題を、難易度の低いものから段階別に練習できるように構成。
7	迷路	迷路の問題を繰り返し練習できるように構成。
8	対称	対称に関する問題を4つのテーマに分類し、各テーマごとに問題を段階別に練習できるように構成。
9	合成	図形の合成に関する問題を、難易度の低いものから段階別に練習できるように構成。
10	四方からの観察	もの（立体）を様々な角度から見て、どのように見えるかを推理する問題を段階別に整理し、1つの形式で複数の問題を練習できるように構成。
11	いろいろな仲間	ものや動物、植物の共通点を見つけ、分類していく問題を中心に構成。
12	日常生活	日常生活における様々な問題を6つのテーマに分類し、各テーマごとに一つの問題形式で複数の問題を練習できるように構成。
13	時間の流れ	「時間」に着目し、様々なものごとは、時間が経過するとどのように変化するのかという「時間」を学習し、理解できるように構成。
14	数える	様々なものを『数える』ことから、数の多少の判定やかけ算、わり算の基礎までを練習できるように構成。
15	比較	比較に関する問題を5つのテーマ（数、高さ、長さ、重さ）に分類し、各テーマごとに問題を段階別に練習できるように構成。
16	積み木	数に関する問題を積み木を使って構成。
17	言葉の音遊び	言葉の音をテーマにした問題集。
18	いろいろな言葉	表現力をより豊かにするいろいろな言葉として、擬態語や擬声語、同音異義語、反意語、数詞を取り上げた問題集。
19	お話の記憶	お話を聴いてその内容を記憶し、理解し、設問に答える形式の問題集。
20	見る記憶・聴く記憶	「見て憶える」「聴いて憶える」という『記憶』分野に特化した問題集。
21	お話作り	いくつかの絵を元にしてお話を作る練習をして、想像力を養うことができるように構成。
22	想像画	描かれている形や背景に好きな絵を描くことにより、想像力を養うことができるように構成。
23	切る・貼る・塗る	小学校入試で出題頻度の高い、「切る」「貼る」「塗る」などの巧緻性を用いた問題を繰り返し練習できるように構成。
24	絵画	小学校入試で出題頻度の高い巧緻性の問題を繰り返し練習できるように構成。
25	生活巧緻性	小学校入試で出題頻度の高い日常生活の様々な巧緻性の問題を集めるように構成した問題集。
26	文字・数字	ひらがなの清音、濁音、拗音、長音、促音と1〜20までの数字に焦点を絞り、練習できるように構成。
27	理科	小学校入試で出題頻度が高くなっている理科的な問題を集めた問題集。
28	運動	出題頻度の高い運動問題を種目別に分けて構成。
29	行動観察	項目ごとに問題を提起し、「このような時はどうか、あるいはどう対処するのか」の観点から問いかける形式の問題集。
30	生活習慣	学校から家庭に提起された問題と思って、一問一問絵を見ながら話し合い、考える形式の問題集。

No.	分野	説明
31	推理思考	数、量、言語、常識（含理科、一般）など、諸々のジャンルから問題を構成。近年の小学校入試傾向に合わせた問題集。
32	ブラックボックス	箱の中を通ると、どのように変化するのかというお約束の問題集。
33	シーソー	重さの違うものをシーソーに乗せて重さどちらに傾くのか、またどうすればつり合うのかを考える基礎的な問題集。
34	季節	様々な行事や植物などを季節に分類できるように知識をつける問題集。
35	重ね図形	小学校入試で出題されている「図形を重ね合わせてできる形」についての問題を集めました。
36	同数発見	様々な物を数え「同じ数」を発見し、数の多少の判断や数の数えることができる問題。
37	選んで数える	数の学習の基本となる、いろいろなものの数を正しく数える学習の基礎を行う問題集。
38	たし算・ひき算1	数字を使わず、たし算とひき算の基礎を身につけるための問題集。
39	たし算・ひき算2	数字を使わず、たし算とひき算の基礎を身につけるための問題集。
40	数を分ける	数を等しく分ける問題です。等しく分けたときに余りが出るものもあります。
41	数の構成	ある数がどのような数で構成されているかを学んでいきます。
42	一対多の対応	一対一の対応から、一対多の対応まで、かけ算の考え方の基礎を学びます。
43	数のやりとり	あげたり、もらったり、数の変化をしっかり学びます。
44	見えない数	指定された条件から数を導き出します。
45	図形分割	図形の分割に関する問題集。パズルや合成の分野にも通じる様々な問題を集めました。
46	回転図形	「回転図形」に関する問題集。やさしい問題から始め、いくつかの代表的なパターンから、段階を踏んで学習できるように編集されています。
47	座標の移動	「マス目の指示通りに移動する問題」と「指示された数だけ移動する問題」を収録。
48	鏡図形	鏡で左右反転させた時の見え方を考えます。平面図形から立体図形、文字、絵まで。
49	しりとり	すべての学習の基礎となる「言葉」を学ぶことに、特に「しりとり」問題を集めました。
50	観覧車	観覧車やメリーゴーラウンドなどを題材にした「回転系列」の問題集。「推理思考」分野の問題ですが、要素として「図形」や「数量」も含みます。
51	運筆①	鉛筆の持ち方を学び、点や線をお手本を見ながらなぞり、お手本を見ながら練習できるように構成。
52	運筆②	運筆①からさらに発展し、「欠所補完」や「迷路」などを運ぶことにより、より複雑な運筆を習得することを目指します。
53	四方からの観察 積み木編	積み木を使用した「四方からの観察」に関する問題集。
54	図形の構成	見本の図形がどのような部分によって形づくられているかを考えます。
55	理科②	理科的知識に関する問題を集めて練習する「常識」分野の問題集。
56	マナーとルール	道路や駅、公共の場でのマナーや、安全や衛生に関する常識を記号で表す問題集。
57	置き換え	さまざまな具体的・抽象的事象を記号で表す「置き換え」の問題を扱います。
58	比較②	長さ・高さ・体積・数など比較できる全てを用い、数えることで論理的に推測する「比較」の問題に取り組めるように構成。
59	欠所補完	線のつながり、欠けた絵に当てはまるものを求めるなど、「欠所補完」に関する問題に取り組める問題集。
60	言葉の音（おん）	しりとり、決まった順番の音をつなげるなど、「言葉の音」に関する練習問題集です。

家庭学習をトータルサポート！ ニチガクのオリジナル 効果的 学習法

1 まずはアドバイスページを読む！

ピンク色です

対策や試験ポイントがぎっしりつまった「家庭学習ガイド」。分野アイコンで、試験の傾向をおさえよう！

2 問題をすべて読み、出題傾向を把握する

3 「学習のポイント」で学校側の観点や問題の解説を熟読

4 はじめて過去問題にチャレンジ！

5 プラスα対策問題集や類題で力を付ける

おすすめ対策問題集

分野ごとに対策問題集をご紹介。苦手分野の克服に最適です！
＊専用注文書付き。

過去問のこだわり

最新問題は問題ページ、イラストページ、解答・解説ページが独立しており、お子さまにすぐに取り掛かっていただける作りになっています。
ニチガクの学校別問題集ならではの、学習法を含めたアドバイスを利用して効率のよい家庭学習を進めてください。

各問題のジャンル

問題7　分野：図形（図形の構成）　　　Aグループ男子

〈解答〉下図参照

図形の構成の問題です。解答時間が圧倒的に短いので、直感的に答えないと全問答えることはできないでしょう。例年ほど難しい問題ではないので、ある程度準備をしたお子さまなら可能のはずです。注意すべきなのはケアレスミスで、「できないものはどれですか」と聞かれているのに、できるものに○をしたりしてはおしまいです。こういった問題では基礎とも言える問題なので、もしわからなかった場合は基礎問題を分野別の問題集などでおさらいしておきましょう。

【おすすめ問題集】
★筑波大附属小学校図形攻略問題集①②★（書店では販売しておりません）
Jr・ウォッチャー9「合成」、54「図形の構成」

学習のポイント

各問題の解説や学校の観点、指導のポイントなどを教えます。
今日から保護者の方が家庭学習の先生に！

2022年度版　聖心女子学院初等科　過去問題集

発行日	2021年 10月 7日
発行所	〒162-0821　東京都新宿区津久戸町 3-11-9F
	日本学習図書株式会社
電話	03-5261-8951 (代)

ISBN978-4-7761-5350-4
C6037 ¥2000E

定価 2,200 円
（本体 2,000 円 + 税 10%）

詳細は http://www.nichigaku.jp　日本学習図書　検索